本书获河北民族师范学院出版基金资助

2014年河北省高等学校青年拔尖人才项目（BJ201405）

2012年承德市财政局项目（CZ2012010）

2014年河北民族师范学院青年基金项目（201404）的研究成果

参加项目人员（执笔者）：毕国忠　陈琳琳　李新亮　王晓燕
王　岩　孙石磊　杨　瑜　张永利

【经济学学术前沿书系】

绿色发展

承德城市生态规划与旅游产业开发

李新亮　王晓燕 等◎著

经济日报出版社

图书在版编目（CIP）数据

绿色发展：承德城市生态规划与旅游产业开发 / 李新亮等著. -- 北京：经济日报出版社，2016. 5

ISBN 978 - 7 - 80257 - 952 - 1

Ⅰ. ①绿… Ⅱ. ①李… Ⅲ. ①城市规划 - 生态规划 - - 研究 - 承德市②地方旅游业 - 旅游业发展 - 研究 - 承德市 Ⅳ. ①X321. 222. 3②F592. 722. 3

中国版本图书馆 CIP 数据核字（2016）第 114751 号

书　　名：绿色发展：承德城市生态规划与旅游产业开发
作　　者：李新亮　王晓燕等
责任编辑：王　含
责任校对：刘妙怡
出版发行：经济日报出版社
地　　址：北京市西城区白纸坊东街 2 号（邮政编码：100054）
电　　话：010 - 63567690（编辑部）　63567687（邮购部）
010 - 63516959　63559665　83558469（发行部）
网　　址：www. edpbook. com. cn
E - mail：jjrbcbsbjb@ 163. com
经　　销：全国新华书店
印　　刷：北京九州迅驰传媒文化有限公司
开　　本：710 × 1000 mm
成品尺寸：170 × 240 mm
印　　张：10. 50
字　　数：200 千字
版　　次：2016 年 5 月第一版
印　　次：2016 年 5 月第一次印刷
书　　号：ISBN 978 - 7 - 80257 - 952 - 1
定　　价：38. 00 元

前　言

本书的写作意图是在京津冀协同发展国家战略布局背景下，积极探索生态文明建设，加快转变经济发展方式，运用生态经济学的理论方法以旅游城市承德为例进行城市生态规划，并对其旅游产业结构进行布局调整，丰富和完善旅游城市的产业结构，形成以旅游为核心的经济产业链，提升旅游产业的竞争力，为全面深化改革、推进生态文明建设、实现绿色发展做理论与实践的探索。

本书的主要内容是对旅游城市承德进行生态规划。承德市旅游城市的定位决定了其未来发展道路必然以旅游产业作为其重要的经济支柱产业，因此，城市的生态环境与文化生态是其经济发展所依赖的重要资源，合理规划、开发和保护这些优势资源是城市经济健康发展的必然选择。立足于承德城市现状，以京津冀协同发展为契机，在交通、街区、河道、旅游产业链全方位进行生态规划，探索城市发展的长效机制。以城市规划部门的发展规划材料与实地勘察为主要材料来源，运用生态学、经济学等相关学科的理论知识，借鉴国内外城市建设的经验和方法策略，规划和建设国际旅游城市——承德。

本书的研究内容涉猎生态经济学、城市环境美学、旅游文化产业等多个学科，这些学科都是近年来学界重点发展学科。本书的研究将进一步推进学科发展，深化某些理论知识的科学研究。研究更为注重应用价值，旨在为历史文化名城、旅游城市承德做全面的生态规划，运用学科前沿理论知识对城市环境、文化生态和旅游资源进行重新规划，为当地政府提供咨询服务。尤其是在党中央全面推进深化改革的历史际遇面前，探索出一条加快生态文明建设，调整经济发展方式，推进城市健康、绿色、长效的发展之路。

关于城市规划、城市景观、旅游产业方面的著作国内外已出版不少。本书的撰写充分借鉴已出版图书的优点，但又体现出独到之处。首先，在学术思想上，本书从生态学的视角来整合城市规划、城市景观和旅游产业，注重生态文明建设，并将之视为经济发展的一种重要方式。其次，在内容范围上，本书以旅游城市承德为例，具体阐释旅游城市经济发展进行结构调整所涉猎的诸多方面，如城市交通、城市河道、城市街区和城市旅游资源等。再次，本书的结构体系先从宏观上论述旅游城市的生态经济学，然后再探讨城市生态文明建设的具体问题。最后，在写作特点上，本书追求学术性与应用性的结合，在探讨学术问题的同时，努力实现科技转化。

本书在结构上共分为五部分。第一部分是绪论，主要论述在城市化进程中城市生态规划的必要性与重要性。生态已经不仅仅是城市形象和城市环境的表征，更是一种城市经济发展的重要资源，是调整经济结构发展的重要方式，合理规划、开发和保护生态环境已经成为生态经济学的重要内容。尤其是旅游城市，在城市发展中更应该注重生态规划的方法和策略。第二部分主要论述承德交通的生态规划，从承德交通的现状分析入手，对城市的外围交通、市区交通与景区交通做全方位的规划。第三部分主要论述承德河道的生态规划，从承德河道的现状分析入手，论述水与河道之于这座山水旅游城市的重要性，具体阐释目前河道治理的内容以及未来河道的具体规划，一方面充分发挥河道之于城市的景观作用，提升城市审美形象，另一方面利用丰沛的水资源，注重开发河道的旅游产业项目。第四部分主要论述承德街区的生态规划，街区规划是城市进程的重要方面，从承德街区的现状分析和街区类型出发，注重凸显在街区规划中的生态美学意蕴，诸如园林美学、山林美学、河流美学、艺术美学和规划城市的综合开发，平衡城市化进程与城乡二元对立的现实矛盾，街区规划在城市化进程中要彰显人文生态和美学情趣。第五部分主要论述承德旅游资源的产业化发展，承德旅游文化资源丰富，避暑山庄、外八庙、木兰围场、民族艺术等都驰名中外，充分整合这些文化资源形成旅游产业链，注重培育旅游文化产业品牌，在开发过程中注重生态环境保护和修复。在新媒体时代，“互联网＋”思维模式已经融入各行各业的发展体制中，文化产业的发展同样应该运用这种思维方式。将“互联网＋”思维模式与承德地区民间艺术的产业化发展相结合，这一新的思维方式将推动传统民间艺术的发展，并拉动本地区的经济发展。最后，结语部分归结全书的主要内容。

本书以城市规划部门的现状材料和实地勘察为主要材料来源，运用生态学、经济学等相关学科的理论知识，借鉴国内外城市建设的经验和方法策略，规划和建设国际旅游城市承德，将旅游生态资源转化为旅游生态资本，为提升承德作为旅游城市的竞争力建言献策。

目录

绪　论

城市发展和城市群的建构已成为中国城市化进程不可回避的问题。中国正处在城市化蓬勃发展的时期，城市规模的扩张，城市人口的快速增长，大量资源和人才加速向城市聚集，都表明中国的城市正经历着历史上前所未有的发展机遇。但是机遇与危机并存，在城市化进程中也不可避免地遭遇了许多棘手的问题，诸如环境污染、资源匮乏、交通拥堵、重复建设等问题都大大超越了城市承载力。因此，城市生态规划的必要性与重要性就成为一项紧迫的重要课题，生态已经不仅仅是城市形象和城市环境的表征，更是一种城市经济发展的重要资源，是调整经济结构发展的重要方式，合理规划、开发和保护生态环境已经成为生态经济学的重要内容。尤其是旅游城市，在城市发展中更应该注重生态规划的方法和策略。

一、城市生态规划的必要性与重要性

城市生态规划是伴随着城市化进程而诞生的重要课题，是城市文明的重要表征。在人类发展的历史上，乡村的不断城市化是文明进步的必然选择。“生态环境是现代城市发展的立足点、增长点和竞争点。”① 在中国城市化进程中，生态环境问题作为很多城市不得不面对的尖锐问题，现已成为全社会的关注热点。城市的生态环境优劣也已经成为直接影响着城市可持续发展与否的重要因素。因此，在城市发展规划中，城市的生态环境建设具有特殊的地位和作用。在当前的城市化进程中，生态环境与城市发展呈现出一种对立矛盾的局面。如何走出城市发展和生态危机这一矛盾对立的现状，是每座城市最为关心的问题。自改革开放以来，中国的许多城市在城市化进程中都遭遇了意想不到的生态危机，一方面我们需要反思以往城市化进程中的失策，另一方面又要进一步继续推进城市化发展的进程。这就要求我们在发展中摸索出一条调和城市发展和生态失衡的道路。

---

① 李良、赵伟军主编：《“两型”社会下城市发展研究》，长沙：湖南大学出版社 2009 年，第 60 页。

在某种意义上，一座城市在城市化进程中所取得的巨大成功经验可以为其他城市带来很多参考和借鉴意义；但事实上，这座城市的经验并不一定就适用于另一座城市。每座城市都有自己的独特性，城市化进程本身就是现代化和现代性的重要衡量标准，而现代化和现代性所要凸显的就是地方性特征。所以，每座城市的城市化进程应该立足自身的自然环境、人文环境和历史文化，从而走出一条独特的城市化进程之道。承德是一座在资源、气候、区域、历史、文化等多方面具有优势的城市，选择一条科学发展的城市化道路将对城市形象和城市品格有很大的提升，对城市的未来发展起到深远的影响。在这一背景之下，承德在城市化进程中多借鉴生态美学的学科理念将会对城市发展有着诸多益处。城市生态美学有着狭义和广义之别，狭义的城市生态美学仅研究城市中人与自然处于生态平衡的审美状态，而广义的城市生态美学则研究城市中人与自然以及人与社会和人自身处于生态平衡的审美状态。因此，城市生态美学首先是指人与自然的生态审美关系，当人与自然的生态审美关系上升到哲学层面，具有了普遍性，也就必然扩大到人与社会以及人自身的生态审美关系。无疑，从广义的城市生态学的视角来考察承德的城市化进程将会是一条正确的科学发展之路。

承德作为一座国际知名的旅游城市，城市和生态环境的协调发展是其城市发展规划的必经之路。承德市将“避暑山庄·和合承德”作为其城市精神加以定位，这就意味着承德的城市化进程在起点上与生态美学的内涵相契合，在城市化进程中选择了一条绿色、可持续、追求生态平衡的科学发展之路。承德具有得天独厚的自然生态环境、人文环境以及环京地带的区域性优势，这些都是承德城市发展的潜在基础。

就理论资源来看，生态美学是20世纪70年代以来西方学界逐渐关注的热点问题。它是随着生态学的发展而逐渐成长起来的。早在1866年，德国科学家E.海克尔就提出了生态学的概念。1922年美国地理学家哈伦·巴洛斯首先提出了“人类生态学”的概念，将生态学与人的生存联系起来。但是，生态学的真正繁荣则是在20世纪70年代以后，生态学逐渐渗透到各个相邻领域，生态美学在此环境中也就应运而生。法国社会学家J. M. 费里在1985年指出：“生态学以及有关的一切，预示着一种受美学理论支配的现代化新浪潮的出现。”[1] 在20世纪科学生态学发展中，一系列生态学的学科概念被不断提出，诸如“生态系统”、“人类生态学”等。现代人类已经意识到人类社会的发展并不是向自然环境无止

---

① 转引章海荣：《生态伦理与生态美学》，上海：复旦大学出版社2006年版，第332页。

境地索取，而是要在发展的过程中兼顾生态的平衡和其他物种的生存，人类并不是世界的独裁者，其本身也是生态系统的一部分。于是，生态哲学、生态伦理学与生态美学等学科，在人类发展遭遇的困境前应运而生。从学科理论来看，西方学者推动了生态美学的学科发展，利奥波德提出的大地伦理学，莱切尔·卡逊在《寂静的春天》呼吁保护各种生物的生存，阿伦·奈斯提出的深层生态学等学说，在国际学术界影响很大。中国的生态美学研究主要是结合西方的生态美学思想与中国天人合一的生态哲学，反思生态形势严峻的当代社会，建立生态美学的学科架构。自20世纪90年代以来，中国学者开始提出生态美学的概念，将生态学纳入美学研究的范畴。国内著名学者山东大学曾繁仁教授、武汉大学陈望衡教授、中南民族大学彭银修教授、中国人民大学张法教授、苏州大学鲁枢元教授等都极为关注生态美学的理论发展。生态美学已成为我国美学研究的热点。

就社会现实来看，城市化作为现代化和工业化的标识之一，是人类文明进步的产物，是一个国家走向现代化的必然趋势。城市化水平的不断提高，城市要素与农村要素的融合共生，将不断推进社会水平和社会文明程度的共同提高，城市化发展过程所带来的各个方面的变化也正是现代化建设所要求的变革。“近三十年来，中国的城市化发展取得了巨大的成就。中国的城市化水平由1978年的17.9%增长到2011年的47.5%，是世界城市化发展史上实现城市化高速增长延续时间最长的国家之一。”① 随着中国现代化事业深入发展，环境问题日趋尖锐的新形势是对中国美学学科和美学工作者的一种现实呼唤，也是中国当代形态的马克思主义所要求的一切从实践出发、以解决现实问题为理论出发点的必然趋势。它实际上是当代社会由工业文明过渡到生态文明的历史必然趋势，是反映着学科发展观的当代先进文化的表征之一。

承德的城市化进程和城市生态之间的关系研究，在目前来看成果还比较单薄，缺少理论支撑和科学论证，这在承德城市化进程中需要及时地研究和论证，从而为承德的城市化进程做出现实的回应，并对未来发展提供借鉴和参考。

承德生态城市发展规划需要从多维度深入探讨城市化进程中不同层面的生态问题，思考城市化进程中给人的生存和发展状态造成的某种胁迫与失衡，并积极从实践和精神层面寻求解决之道，从而将承德发展成为一座山水园林式的宜居的国际性旅游城市。具体来说，承德的城市发展规划要符合生态理念，合理利用有利的自然

---

① 杨奇瑞、王来阳：《城市精神与理想呈现：中国城市公共艺术建设与发展研究》，杭州：中国美术学院出版社2014年版，第2页。

资源发展城市环境，重在塑造城市形象、城市气质和韵味为外在表现的历史文化。

1. 城市化进程与生态环境的平衡

从现实社会和学理基础上论述城市化进程与生态环境的对立冲突。放眼现实社会，城市化进程和生态环境的危机已经到了不容忽视的程度。一方面这是某些城市在城市化进程中急于求成，另一方面则是没有充分认识到其自身城市的优势。从学理基础上来看，城市化进程所带来的生态危机则是人类中心主义与生态中心主义的选择后果。长期以来，人类一直以“人是万物的尺度”来掌握世界，从未走出“人类中心主义”这一思维模式，这种绝对的“利己主义”一直是人类生存哲学最为核心的观念。人类所创造的一切工业文明和科技文明向来都以人类中心为旨归。科学技术是把双刃剑，工业文明和科技文明为人类带来了前所未有的巨大的社会变革，同时也为人类的生存环境带来了灾难性的后果。自然生态系统的破坏让人类付出了惨重的代价，各种自然灾难在世界范围内频繁发生，人类遭遇了前所未有的挑战。在这种情况下，人类开始反思自我，学术界开始转向生态中心主义，坚持“生态整体主义”原则，逐渐摒弃与超越了近代工业文明中“人类中心主义”观点，而主张人类与自然构成不可分割的生命体系这一观点。历史在进入20世纪后半期，人类对自身和世界的认识终于走出了“人类中心主义”这一狭隘的哲学观和世界观。生态美学十分重视人与自然的关系：生态系统整体的价值与人类自身价值的实现是一个有机统一体，人与生态系统中的其他存在是平等的，人与自然之间的关系是对立统一的。生态美学视野下的人类自身价值的实现与整个生态系统的类价值应该是一个有机的整体，是直接相关的，是建立在生态美学的整体主义原则之上的，其突破了主体与客体的对立，从而走向了主体间性，从近代人类中心主义走向了生态中心主义。

2. 城市精神：生态美学的审美理念

城市定位与城市精神对城市发展的重要性。承德将城市发展理念总结为“避暑山庄和合承德”具有鲜明的生态美学思想。“避暑山庄”代表承德辉煌的历史和厚重的文化，已经成为承德市的代名词。而“和合承德”之中的“和合”二字颇具匠心，意味深远。“和合”的“和”，指和谐、和平、祥和；“和合”的“合”，指协同、融合、合作。“和合”体现了中国传统文化的最高境界，是传统文化中最富生命力的体现。它强调城市、自然与人之间和谐共生的关系，并与当下国际国内倡导的低碳、绿色、可持续发展理念相吻合，这本身就体现生态美学的审美理念。从旅游城市的区域优势、资源优势和传统的“天人合一”的哲学基础等多角度，来论述承德城市精神中所蕴含生态美学的审美理念。

承德城市文化品牌

3. 城市环境：生态美学的审美对象

国外环境美学的著名研究者瑟帕玛、卡尔松、柏林特等分别从自然景观、农业景观、城市景观论述了在城市化进程中的重要意义，这些景观形象是一个城市生态美的重要表现。生态美学理念之于承德城市化建设最突出最现实的可操作行为，即是关注承德城市环境的自然生态美。承德市区地形狭长，武烈河婉转穿行整座城市，与两岸的群山形成极为优美的自然生态环境。行走在城市中，有种移步换景的自然生态之美。环境的生态美有着多层内涵。承德具有优越的自然生态环境，承德境内有滦河、潮河、辽河、大凌河四大水系，林地面积占河北省的43.4%，草地面积占40%，森林覆盖率48%。这些优越的自然生态条件使承德在向国际旅游城市的发展过程中，占有着得天独厚的优势。承德的农业景观也极为突出，坝上农业风景可以纳入承德生态旅游的视野，而以避暑山庄为中心的建筑群则成为城市景观最亮丽的风景线。城市景观是环境美学最重要的审美对象。柏林特在研究城市景观美时呼吁建立人性化的城市，在城市规划中要兼顾审美性与功能性，城市建设中的广场、喷泉、自然与生活的声音等方面都是城市景观建设的重要方面。无论是自然景观、农业景观还是城市景观，这是承德城市化进程发展的重要依托资源。

4. 城市文化：生态美学的审美品格

城市文化是城市发展的内在审美品格。承德是传统文化与现代文化融汇之地，在城市发展中应多思考城市建设与文化的呼应，做到城市品格与文化生态的契合。承德旧称热河，有特定的地域文化和深厚的底蕴。承德是亿年以前侏罗纪世界生物发源地，“红山文化”是热河地域新石器时期的历史文化，距今已经5000多年。作为中国历史文化名城，承德在近代史上做了清王朝200多年的陪都，在这里汇集了皇家文化、古建筑文化、佛教文化和中原儒文化。作为清帝的避喧听政之所，可以说，承德从城市兴建伊始定位就是一座旅游休闲城市，这座城市的文化生态的审美品格就是休闲。

避暑山庄

普陀宗乘之庙

改革开放后，承德又有了时尚的现代文化。当代社会休闲文化已经成为一种产业。一方面是一些产业促进了休闲文化的发展，如文化产业（电影、电视、音乐、录像）、娱乐产业（影院、歌剧院、歌厅、游乐场）、体育产业（体育表演、体育健身），等等；另一方面，休闲也需要自我发展产业，如旅游业。旅游业把名胜古迹、名城名街、美术馆、科技馆、博物馆、购物商场、特色饮食等等整合起来，形成一种新型的休闲文化景观，这已成为旅游城市的生态环境和文化品格的重要指标。

二、从生态学到生态经济学

现代城市发展的一个重要策略就是将生态资源转化为生态资本，合理开发、利用和保护生态资源已经成为城市发展新的经济增长点，也是一座城市长期保持核心竞争力的重要资本。从生态学到生态经济学，这已成为现代城市调整和转变经济结构的重要策略。

“生态学”（Ökologie），从词源上来分析，是由两个希腊词 Οικοθ（房屋、住所）和 Λογοθ（学科）而成。1866 年，德国动物学家海克尔将生态学定义为“研究动物与其有机及无机环境之间相互关系的科学”。直到 20 世纪 30 年代，美国学者在考察湖泊生态系统时提出生态金字塔能量转换定律，才逐渐将生态学发展成为一门独立的学科，并明确了其研究对象、任务和方法。由于生态学与人类的生存和发展紧密相关，生态学得到了快速发展，诸如全球气候变化研究、生物多样性研究、受损生态系统恢复与重建研究以及可持续发展研究，等等，都进入了生态学的研究领域。随着现代工业化的发展和城市化的扩张，人类环境遭遇了更大的挑战，生态环境更成为了生态学研究的热点问题。生态环境范围很大，水资源、土地资源、生物资源和气候资源这些影响人类生存与发展的资源都是其重要的对象。生态环境是关系到社会和经济持续发展的复合生态系统。

自改革开放以来，中国经济高速发展已经持续了 30 多年，已成为世界第二大经济体。但是，随着经济发展和社会进步，人们也越来越意识到经济高速发展在一定程度上是以破坏生态环境为代价的，以牺牲生态环境来换取经济高速发展已经被西方发达国家证明需要付出更大的代价来修复生态。为了社会和经济持续健康发展，转变经济结构，调整经济发展模式，已成为不得不面对的现实问题。生态环境同样是经济发展重要资源，生态经济学已经成为现代城市发展的显学。

生态经济简称 ECO，从词源上来看，“ECO”取自“经济的（economic）”和“生态的（ecological）”两个英文单词的词头。美学经济学家肯尼斯·鲍尔丁提出了生态经济学的概念，其核心理论就是要在生态系统承载能力范围之内，运用生态经济学原理和系统工程方法改变生产和消费方式，挖掘一切可以利用的资源潜力，发展一些经济发达、生态高效的产业，建设体制合理、社会和谐的文化以及生态健康、景观适宜的环境。生态经济是实现经济腾飞与环境保护、物质文明与精神文明、自然生态与人类生态的高度统一和可持续发展的经济。

在现代城市发展过程中，经济发展成为社会进步的重要指标。但是经济发展不应该以透支城市生态环境为代价，而应该在城市生态环境的承载范围之内，积极妥善做好生态经济区划、规划与优化模型，用生态与经济协同发展的观点来指导社会经济建设。任何超越生态环境承载力的经济发展模式都不会是健康可持续的经济活动，最终会付出更大的代价来修复生态系统。每个城市的生态系统各自不同，因此在城市经济发展规划中，要充分发挥其生态经济总体功能，合理、高效利用城市生态环境资源，获得生态经济的最佳效益。

作为世界历史文化名城，承德在生态资源上有着得天独厚的优势。充分利用生态资源优势，合理开发和利用生态资源，将之转化为生态资本，调整经济发展结构，为承德开辟一条崭新的道路，让城市发展更具有活力。中共中央在《京津冀协同发展纲要》中明确指出，京津冀整体的定位是“以首都为核心的世界级城市群、区域整体协同发展改革引领区、全国创新驱动经济增长新引擎、生态修复环境改善示范区”。而承德在京津冀协同发展的明确定位是“京津冀生态环境支撑区”和“水资源生态涵养区”，这就势必更加注重生态环境保护。在现代社会发展的必然要求和国家政策之下，承德作为生态旅游资源较为丰富的城市，生态经济学的发展方向也成为了城市化的必然选择。

三、旅游城市生态规划的方法与策略

加强承德旅游文化产业竞争力的对策研究是一个迫切任务，既有理论上的意义，也是实践发展的必然要求。早在2011年国家“十二五”规划纲要发布时，就提出推进京津冀区域经济一体化发展。2014年国家主要领导人亲自部署，李克强总理在2014年作政府工作报告时指出，加强环渤海及京津冀地区经济协作。习近平总书记在听取京津冀协同发展工作汇报时强调，实现京津冀协同发展是一个重大国家战略，要坚持优势互补、互利共赢、扎实推进，加快走出一条科学持续的协同发展路子。根据这一发展战略，国家发改委已初步将京津冀区域划分为四大功能区，其中承德属于规划中的生态保护和生态产业发展区。承德作为国际知名旅游城市，更强调对城市环境和生态的保护，这也对城市规划和经济发展有着许多制约，如限制重工业和能源的开发等。旅游文化产业无疑将是承德城市未来发展中的支柱产业。在京津冀协同发展背景下，抓住机遇，抢占先机，研究旅游文化产业竞争力对策，将对城市的未来发展具有决定性的意义。旅游产业是一个高关联度的产业，不仅仅是行、游、住、食、购、娱等旅游内部的核心行业，还与信息服务、金融、会展等多个行业相互依存，具有很强的关联带动性。要尤为注重发展旅游本地文化的开发。旅游消费在实质上就是文化性消费，旅游者旅游的过程，也是体验和消费文化的过程，文化品位越高、独特性越强、地方民族民俗文化的氛围越浓、多样性越丰富的地区，旅游业就越会有广阔的发展前景。要更加注重区域旅游整合营销，改变旅游发展策略，由以往依靠多建旅游景点和旅游设施等简单粗放经营方式来吸引游客的思路，转变为加强内涵建设，营造旅游文化资源的软实力上来。在转变营销策略上，抓住当今游客的心理共性，将"体验"作为营销的重点，对入境游客提供"异域"体验；对国内游客提供"异质"文化体验。

为提升承德旅游文化产业的竞争力，在具体策略上必须有所规划，具体来说，应该做到以下几点：

1. 加强区域旅游营销策略，推进旅游文化产业开发

在京津冀协同发展时代背景下，构建京津冀一体化旅游产业链需要京津冀三地在政策、制度和现实客观条件等方面协同互助发展。例如，交通一体化（旅游绿色通道、城市公交一卡通）、通信一体化（旅游信息平台、通信资费）、旅游宣传一体化（联合宣传参展旅游会展）、旅游线路开发（跨城市旅游线路）等工作，均需要三地政府推进和落实，这是实现京津冀一体化旅游文化产业发展的基础。

2. 打造旅游文化产业品牌，强化旅游文化产业内涵建设

结合地方文化资源，要改变以往旅游产业粗放式发展模式。承德旅游文化产业的发展不在于旅游景点的多而在于精，可以重点打造承德皇家避暑胜地旅游品牌、承德皇家木兰围场狩猎与草原休闲生活旅游品牌、承德寺庙文化与僧侣生活体验旅游品牌，等等。在打造这些知名旅游文化产业品牌的时候，将地方民俗、历史文化、民族风情等元素融入其中，例如，作为避暑胜地，承德要凸显自己的皇家文化特色，以此来区别其他地区的避暑旅游宣传。

3. 培育旅游文化产业的文化创意产业

"行、游、住、食、购、娱"作为旅游产业的六大要素，在承德旅游文化产

业链中，除了行、游之外，其他要素均处于薄弱环节。而住、食、购、娱更是旅游产业的重中之重。承德旅游文化产业需要在以上4个方面进行较大的改进。着力开发旅游文化创意产品：在承德重点旅游品牌周围要做好文化产业链的服务配套设施和产品开发，如开发承德民间文艺纪念品、承德特色饮食和主题餐厅、特色文化住宿及主题宾馆、农家采摘园项目以及历史文化和民族民俗展示实景演出项目等。注重旅游者亲身体验经历，推出草原生活、寺庙僧侣生活、农家乐生活等旅游体验，让游客多方位体验承德旅游的特色。让其既来游，也要购与娱，更想住下来。

4. 改善旅游文化产业的宣传策略

除了积极推进京津冀三地联合旅游宣传，还要进一步加大旅游宣传力度，定期举办大型会展、旅游节、旅游年会等项目。广泛利用媒体广告、影视（推出以承德为背景的影视剧和纪录片，如近期的《打狗棍》就是很好的宣传例证）、网络和交通宣传（例如，可借鉴台儿庄古城的宣传）来推销承德旅游城市形象。

第一章　承德交通的生态规划

第一节 承德交通现状与城市化进程

一、承德交通现状分析

从承德市目前城市交通现状来看，承德其市区交通基本成型，市区中心交通主要以南营子大街为主干，道路交通相对通畅，市区与郊区交通线路也相对较为稳定，比如大学园区到市中心公交线路基本能保证日常需求；市区与周边城区之间的高速线路随着承德近年来的发展也在不断地完善，比如承德到秦皇岛、承德到北京之间的高速线路较为完善，为加强承德市与周边城市之间的联系以及来承德的外来游客提供了较大的便利。随着经济快速发展和城市市区人口的不断增长，各城市建设中越来越注重交通规划与完善的重要性。但就目前现状来看，承德的交通也存在着“畅行”受阻的状况，尤其是承德市区中心总体占地面积较小，商业区、居住区、旅游景点又相对比较集中，这就导致市区人流车辆密集，再加之停车场、库匮乏，造成了承德中心区道路拥挤，人车混杂。

车流高峰期承德交通现状

近几年来，随着旅游业的兴盛，每到旅游旺季，承德市区车辆大量激增，更影响道路的通行能力，“出行难”已成为承德不争的事实。这既拷问着中国的城市管理，也倒逼着交通管理模式的不断完善与创新，探索畅行之道。早在2011年3月，“在承德交警支队组织召开的座谈研讨会上，人们提出了亟须学者们解决的8个问题：一是单行线如何更加科学合理地设置；二是是否可以将南营子大街改建为步行街；三是对该市2010年新建道路的路口渠化、标线施划、信号灯设置及配时等如何进行；四是城区主干道特别是南营子大街禁止左转弯是否可行；五是城区公交站点如何科学设置；六是过街设施如何解决，地下通道的建设如何规划；七是在现有道路状况下，如何组织好老城区的交通管理；八是如何解决市区停车难问题。”①

承德的城市呈狭长状，城市功能区主要沿武烈河分布，缺少解决交通拥堵的疏散道路，一旦发生交通事故或者占道情况，整条道路必然产生堵塞；市区各道路主要集中分布在避暑山庄周围，由于地形地势所限，其商业区与交通都较为拥挤杂乱，所以，承德市区实际的交通情况也存在诸多亟待改善的问题。

1. 承德城区交通现状分析

（1）承德公交系统的不完善性

城市公共交通有广义和狭义之分，从广义上讲，是指包括公共汽车（电车）、出租车、地铁、轨道、轮渡等交通方式在内的经济方便的各种交通方式的总称，通常称为“公共交通”；从狭义上讲，是指在城市及所辖区范围内供公众出行采用的、经济方便的公共汽车（电车）客运交通方式，通常称之为“公交”。本文所论述的公交系统主要指的是狭义的公交。结合承德的交通发展与规划，承德城市公交主要指城市的公用交通系统，泛指便于市民出行，且非私家所属的交通系统。城市的公用交通主要包括公交系统和出租车系统两部分。

承德的公交是承德交通系统的重要组成部分，是关乎城市居民日常生活需求的基本设施。随着承德旅游业与城市的发展，承德对公交的需求越来越大。然而，承德目前的公交一方面因为公交线路较少而乘车人多，不能满足市场需求，另一方面因为私家车辆的大量出现和外来人员的涌入，使得承德公交系统无论在线路安排还是时间规划方面都出现了一些亟待解决的问题。公交系统不能满足群众出行需求的现状，使得居民不得不选择其他的出行方式，从而导致城市中心区域交通压力的加大。

① 本段材料来源于2011年3月9日燕赵都市网。通讯员李强，记者尉迟国利，编辑石利平 。

可见，目前承德的公交系统存在着很多亟待改善的地方：一方面是交通线路规划问题，比如公交停靠点的规划，交通路线中“区间”的设定（承德公交车多处交通线路设置了区间定义，这一规划因其共用一路公交线路标号而容易造成市民乘车混乱，尤其对于外来游客更是如此，由于对交通运输中的“区间”定义的模糊理解，从而为出行带来了不便。月票的办理与使用的不便捷性严重影响了交通的正常运行；另一方面，公交站牌信息不全，并且站牌上停靠点信息更新不及时，从而影响市民正常出行；另外，出租车作为公用交通的一个方面，其出行并不按照出租车的出行规则，承德出租车司机私下统一形成一种出行模式，价格、时间都较为随意，这严重影响了城市的公用交通体系。承德的出租车多为私家所有，拼车现象严重，虽然这在一定意义上方便了市民或游客的出行，但长此以往使得出租行业陷入一种不正规的状态，并严重阻碍了合理完善的交通体系的发展。市区内出租车大多停靠在公交车站附近，这严重扰乱了公交车停靠顺序，并造成乘客的拥堵，也给建设秩序化的公交体系带来了较为负面的影响。

（2）承德私家车停放的规范性

随着人民生活水平的提高，私家车的需求增大，私家车的发展一方面带来了城市整体水平的提升，另一方面也带来了城市交通严重的拥堵现象，甚至还带来了城市环境恶化、能源紧张、生活质量下降等经济社会问题。承德属于山区，市区以南营子大街为城市市区主干道，较为狭窄拥挤，各建筑之间距离较短。尤其是在上下班高峰期、上学放学高峰期，路上满是摩托车、小汽车、自行车，市区主要路段常常运行滞缓、交通堵塞，导致整个城市交通就会陷入瘫痪状态。然而，相对于迅速膨胀的车辆总数来说，无论是城市客观条件，还是人为的行政规划，承德的市区并没有做好相应的准备。就目前承德市区格局来看，各类机动车的临时停车泊位尚未完整、系统、高效地纳入城区交通总体规划中。偶尔能看到一些黄线划出的停车位，也多是商场、酒店、餐厅等公共消费场所的专属停车场，需临时停放的车辆是不能共享的。许多私家车车主都希望停车场的数量能够有所增加，将车放到停车场，不仅安全获得保障，而且想用车时也可以快速提车。但由于承德市区道路狭窄，露天停车场因其占地面积的局限和在规划方面存在不合理的因素，以及私家车主停车的随意性等原因，使得不少私家车因此而停放在了道路两旁，既加剧了市区的拥堵现状，又加大了城市交通畅通的阻力。当前私家车还在以迅猛的速度增长，全面规划道路临时停车位，有效利用道路资源成为目前亟待解决的问题。城市私家车“停车难”的问题，不仅存在于承德，也是目前多数城市面临的交通问题，除了改进城市交通建设并完善交通规划，加快市区各种停车及配套设施的建设之外，还需要依靠市民的自觉文明行为，只有这样才能从根本上解决城市的交通问题。

（3）承德旅游交通建设的欠缺

承德作为一座文化名城，历来有“紫塞明珠”之美称，是国家5A级的风景名胜地。加之以避暑山庄与外八庙为核心的人文景观和以磬锤峰、鸡冠山等为中心的自然景观闻名天下，更使得承德成为一座集文化、历史、旅游于一体的城市。而城市旅游业的兴起和发展更是承德未来发展的重要目标。

由于承德属于山区，其地理地貌和山体走势造成了其相对滞后的交通环境与其丰富的旅游资源之间的脱节，主要表现为：其一，交通线路单一、滞后，严重影响了游客来承德的意愿。其二，相较于一些旅游城市而言，承德的旅游资源相对丰富，但景点分布较为分散，目前所面临的交通问题是城市景区之间的交通严重脱节。承德市区景点呈“多而散”的状态，多数有价值的景点因其交通不通而被多数游客排除在行程之外，久而久之，也就造成了这些景点只闻其名不睹其貌的状态。这就导致了游客自助型旅游计划的薄弱（多为自驾或者报团游）。承德的旅游业虽然丰富但却仅仅以避暑山庄与外八庙的旅行为主，像鸡冠山、双塔山、丰宁坝上、木兰围场等著名景点因其交通问题曾导致其旅游开发长期受阻，虽然其声名在外，但是旅游产业发展现状并不理想。其三，交通耗时长使得承德与周边城市之间呈断裂状，这严重影响了承德城市发展的整体环境，比如就交通主干的铁路交通而言，承德到北京火车耗时5个小时多，承德到唐山目前还没火车通行，这无疑严重阻碍了城市之间的联系，阻断了城市区域经济发展的需求。

2. 城市外围交通体系不健全

所谓的城市外围交通，主要是指城市与其周边城市之间的交通情况，是城市加强与周边城市之间连接的重要通道，也是发展区域经济的重要基础设施，更是城市自身核心竞争力的重要表现。就具体范围而言，城市的外围交通主要涉及城市的航空、铁路及高速公路建设。目前，承德市的实际交通情况是，城市外围交通现状较为稳定，凭借“邻京”的区位优势，承德与北京之间的交通较为便捷，铁路线路较多，公路也比较畅通，总体情况还算良好。但同时承德的外围交通也存在一些客观问题，比如交通耗时长，交通时刻表不完善，交通不便捷，等等，这些问题促使承德交通的不断改善。承德之所以闻名天下，离不开以避暑山庄为主的旅游景点，但与其他的旅游城市相比，承德的旅游业之所以较为薄弱，这一方面与其季节性的气候有关，另一方面则主要是因为承德在其对外交通方面较为薄弱。

首先，承德没有航空交通。航空线路是一种较为高投资、高效率、高便捷的交通形式，更是代表城市现代化的重要标志。承德作为河北省文化底蕴较为深厚的城市，其城市的形成与发展越来越依赖于自身的交通建设。尤其是近年来，随着承德城市开放程度的不断提高，以及宣传力度的不断增强，承德依靠其得天独厚的旅游资源更是赢得国内外游客的慕名前来。游客人数的逐年增长在促进承德经济水平提升的同时，也带来了对于承德交通的便捷性需求的呼声渐长。因此，承德市航空线路的建设与规划可谓众望所求，目前的承德交通中航空建设尚未形成，航空交通的建设必然成为承德交通体系中最为重要的内容。

其次，铁路交通是旅行动力最大且安全性和稳定性最高的交通方式。目前承德与周边城市之间的公路交通路线单一且耗时较长，仅有承德－北京、承德－石家庄、承德－锦州、承德－邯郸等线路。承德有“北京后花园”之称，因此承德注重与北京之间的交通连接，并开通专门的进京铁路线路，方便了承德与北京的联系。但承德与除北京外的其他城市之间，一来开通车辆少，二来缺少直达车，这就致使京外的游客和承德本地市民的出行都不得不将北京作为中转站，即便是从比邻的天津前来承德的游客，也不得不在北京或唐山中转，这既给来承德的游客带来了不便，也在一定意义上影响了承德旅游业的发展。此外，虽然承德－北京的铁路线路比较多、费用低，但耗时较长，这些无形中加大了游客及市民出行的难度，带来了不便。承德前往锦州方向的线路也同样存在着线路单一、耗时长的情况。铁路交通是稳定性、安全性、惠民性较高的交通方式，是承德的外围交通中重点建设的内容。承德市政府应积极向国家铁道部门申请铁路线路建设。

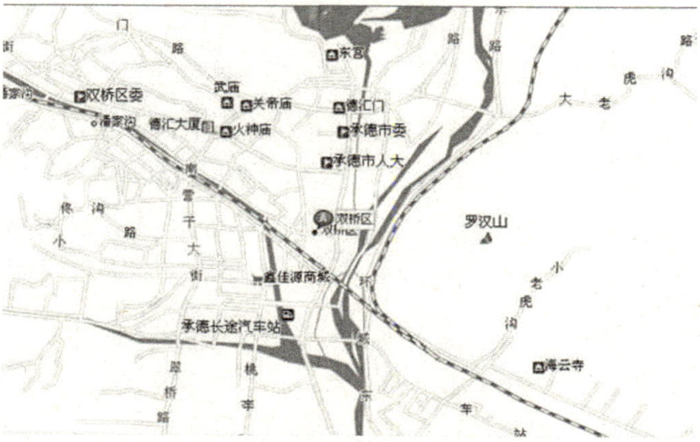

承德铁路交通现状

再次，从公路交通来看，承德的高速公路发展好于铁路发展，与内蒙古、辽宁、北京、天津等地都有高速线路相连通，且从北京到承德京承高速大约仅需2个多小时。近年来，随着承德旅游业的开发和京津冀一体化的需求，承德越来越注重与周边城市之间的交通连接，目前又陆续开通承德-秦皇岛，承德-张家口等高客线路。可见，跟承德的航空与铁路交通相比，承德的高速公路设施较为完善，可以说是承德交通建设中最为完善的环节，在今后的交通规划中应在此基础上不断改进与完善。

当然，承德目前的交通现状已是一种客观存在的现实，而在目前交通现状的基础上规划承德的交通建设，除了对这些原有基础的改善与完善之外，承德交通还存在一些现实上不得不面对的“瓶颈”，即资金和土地。主要因为承德属于山区地区，城市依山而建，既固定了城市交通走向，也在一定意义上限制了城市交通的进一步完善。比如，国道111线是联通承德、内蒙古与北京地区交通运输的主干线，更是北京去往承德围场和丰宁坝上最快捷的公路路线，但丰宁对外公路的相对比较落后，就严重影响了丰宁旅游事业的发展。另外，由于承德城市周边山多，特定的山地环境也给对外交通的修筑造成了不可回避的影响，所以目前承德的对外铁路建设必然需要大量隧道施工，这在某种意义上加大了承德与周边省市交通建设的难度，资金投入也相对较大，这也给承德政府带来了一定的压力。同时高铁建设也面临资金短缺的问题（京沈高铁全线拆迁由地方政府负责，承德的拆迁资金需要20多亿元），无疑更加大了承德交通建设顺利进行的难度。这都是承德城市交通建设规划中不得不重视和面对的现实问题。

承德的交通困境也是中国目前多数城市交通存在的困境，“以小见大”，对承德城市交通的分析与研究，在一定意义上对诸多城市化进程中的都市有着广泛的启示和借鉴意义。

二、承德交通规划在城市化中的重要性

1. 承德交通规划是促进承德城市及其产业结构形成的基础

城市的一切建设都是人类生活的需求与社会进步的标志。而在人类衣食住行的基本需求中，交通具有不可忽视的地位。交通是城市发展的基础，也是城市发展的重要动力，交通对于城市发展的重要性不仅体现在交通是连接着城市各要素之间的重要纽带，更体现在其对城市的物质运输、人口流动、城乡结合等方面所起的决定性作用。德国人文地理学家F. 拉采尔曾指出“交通是城市形成的力”。在古今中外的城市发展历史中，无数城市的兴起都离不开交通的决定性作用，尤

其是城市的对外大交通建设，更是与城市的兴盛有着深刻的渊源，而这种渊源关系对城市的形成及其产业结构的形成起着非常重要的作用。因此可以说，任何城市的兴起都与交通息息相关。自人类文明诞生以来，交通便与城市发展密不可分，并在城市兴起和发展的过程中留下了重要的印记。城市造就了最早的交通形式，城市的兴起在一定意义上说就是交通发展的结果。水运是最早的交通形式，其对城市整体格局的形成，区域之间互通有无，调配各地所余物资等方面都有着重要影响。据考证，最早的城市出现于底格里斯河、尼罗河、幼发拉底河、印度河以及黄河等一些著名的大河流域，历史上的一些名城也大都分布在河流的沿岸，比如位于埃及南部尼罗河畔的底比斯城，位于幼发拉底河下游右岸的巴比伦城等。而在中国，作为最早的交通形式，水运对于中国在不同时期政治经济中心的形成和区域经济的发展有着重要的推进作用。例如，京杭大运河的开通，作为当时中国主要商品流通通道和经济发展的命脉，且在沿河两岸形成了中国第一条南北向城市发展轴线，沿岸兴起的城市如淮安、扬州、杭州在当时都是有名的大都市。在古代城市发展中，城市的发展在很大程度上依赖交通。

承德作为北方少有的山水城市，其兴起除了政治因素外，更多的则是因为承德所处的地理区位以及丰富的自然山水资源。承德的自然资源相对于北方其他城市而言，具有其独特的优势。承德的水资源丰富，是京津地区重要的水源区，境内有滦河、潮河、辽河、大凌河四大水系，承德市区城市整体布局主要以武烈河为中线沿河分布，从而使得承德的城市格局呈狭长状，宛如玉带盘于青山间。清政府在此选址，并修建皇家园林，使之成为闻名天下的避暑胜地。

而随着经济的发展，近代铁路交通的大力发展促进了城镇的迅速崛起，如凭借优越的铁路交通条件而迅速兴起的河北省省会石家庄市就是一个非常典型的例子。而交通相对不太发达的承德，除了铁路交通外，高速公路的发展对于沿线地区的城市化具有强劲的推动作用。高速公路的建立不仅会促使以高速公路为轴线的城市群的兴起，还能带动高速公路附近的一些卫星城镇的兴盛，这无疑对于中心城区的功能将有所补充。与承德的铁路交通相比，承德高速公路相对发展较快，尤其近几年，在京津冀一体化的需求下更是发展迅速，整体呈良好态势。但从整体而言，承德交通规划不论是铁路还是公路都存在着很大的开发空间，在今后的交通规划中，加强承德对外大型交通的规划与修筑，对于承德加强与周边地区之间的联系以及发展自身经济文化方面意义重大。

2. 承德交通规划是承德打造国际旅游城市的需求

作为一种新型的产业，旅游业是以城市的旅游资源为凭借，以旅游设施建设为条件，向旅游者提供旅行游览服务的行业，又称无烟工业、无形贸易。随着社会的不断前进与发展，工业和科技的大力发展带来城市兴盛的同时，也带来了一些不可回避的问题，比如环境污染、生态破坏等，所以无烟工业便随之兴起，并成为越来越多城市发展的重要目标。

从旅游资源的蕴藏量来看，承德的旅游资源丰富且独具特色。首先，作为承德旅游龙头的避暑山庄与外八庙文化景观，既是清朝满汉蒙藏民族融合的文化象征，同时也是了解满族文化的重要区域，更是中国皇家休闲文化与皇家园林建设的主要代表。双塔山作为一处奇特的自然与人文相结合的景观，一直以其神秘的故事性与高超的修建技艺而让人仰止。而位于半壁山上的魁星楼作为北方重要的道教文化圣地更是凸显着承德文化的包容性。其次，承德的自然风光也较为丰富，以木兰围场为代表的草原文化与风光，以鸡冠山、雾灵山等山地的自然景观，都使得承德在彰显自身资源优势的同时还蕴藏着深厚的文化底蕴，每年吸引着大量的海内外游客慕名而来。可见，旅游业是承德城市建设中重要的新型产业。但目前承德这些丰富的旅游资源并未得到大力的开发与发展，这一方面因为承德季节性分明的气候所限，另一方面则因为承德与周边城市之间的交通线路相对较为薄弱。这些客观存在的问题严重影响了承德旅游业的兴盛。因此，不论是对本城市自身发展还是对外加强承德与周边城市的外联发展来看，交通无疑是承德发展的基础。承德加大交通规划与建设的投入，不仅仅对城市经济增长和扩大就业需求有着积极的作用，而且交通发展带来的交通运输业的兴盛，也会对城市其他部门的生产生活与社会服务等方面产生积极影响，可以说是支撑整个国民经济的支柱型建设。而作为一个以旅游著称的城市，承德未来的发展必须置于国际旅游的大背景下，积极培育壮大承德旅游产业，提高承德旅游产业国际化水平，进一步扩大开放水平，主动参与国际旅游市场竞争，努力打造具有承德特色的国际精品旅游城市。

另外，交通之于承德的发展不仅仅体现在对其旅游资源的开发与分配，还体现在交通业的发展对承德城市产业结构的调整与形成有着重要的影响。依据经典的产业布局理论可知，运输条件是影响城市产业区位选择和产业布局调整的重要因素之一，运输条件的改变会直接导致产业布局的形成与改变。一个城市便捷的交通能够促进交通沿线地区的人口的快速流动，来加快地区经济的对外联系，从而带动交通沿线周围的旅游、餐饮、房地产等第三产业的兴起和发展，并推动沿线经济的产业结构调整与升级。承德属于山区，其产业结构主要以农业和轻工业为主，而交通的发展在带动承德旅游业发展的同时，也连带性兴起了一些新的产业链条，比如旅游－餐饮－住宿一条线产业，旅游纪念品－旅游特产产业链条以及旅游民俗文化表演行业等，这些都是伴随承德旅游而兴起的新产业，既提高了承德旅游服务的全面性，也完善了承德的产业结构，对于提升城市经济、解决就业等都提供了良好的机遇。再如，承德的大学园区位置相对较为偏僻，但是因为交通线路的规划与通行，既连接了市区与郊区之间的距离，也极大地带动了周边经济的发展。目前大学园区周边的饭店、旅馆、加油站以及各式各样的摊点通过依附着景点均得到了极大地发展，而正是因为交通的发展带动了这一地区的经济发展，才促进了大学园区的商业圈的形成。

因此，对于承德未来的发展而言，要打造国际精品旅游城市，将承德的旅游推向世界，必须从承德的实际出发，内要合理完善其旅游资源，外要完善其交通要道，内外兼修，这是承德城市发展的必然选择。

3. 承德交通规划是承德实现津京冀一体化的基础

京津冀地区是被公认的继长三角、珠三角之后中国经济发展的“第三极”，由于拥有中国两大直辖市，因此京津冀在引领我国经济发展中将发挥非同寻常的作用。2014 年 2 月 6 日，习近平总书记在北京主持召开座谈会，强调实现京津冀协同发展规划，并首次将这一规划上升为国家战略，提出要坚持优势互补、互利共赢、扎实推进，加快走出一条科学持续的协同发展的路子。自此，京津冀一体化开始迈入“快车道”。而后，国务院总理李克强在 2014 年 3 月 5 日作政府工作报告时又进一步指出，要加强环渤海及京津冀地区经济协作。由此可见，实现京津冀协同发展是一个重大国家战略。就内容而言，“京津冀一体化”这一概念是由“首都经济圈”的概念发展而来，主要包括北京、天津以及河北省的保定、唐山、石家庄、邯郸、秦皇岛、张家口和承德等 11 个地级市，区域面积约为 21.6 万平方公里，人口总数约为 1.1 亿，其中外来人口 1750 万。京津冀一体化的发展内容包括政治、经济、文化等多个方面，而交通在这一区域整体发展中具有基础性的地位。承德处于京津冀一体化较为重要的地位，其交通的建设与发展对于完善自身城市体系和促进区域经济的发展都至关重要。

首先，承德交通发展促进京津冀交通一体化。法国城市学家戈特曼（Jean Gottmann）在其论文《Megalopolis》（1957）中首次提出城市群的概念，并预言：“城市群是城市化高级阶段的产物，若干都市区的空间聚集是城市化成熟地区城市地域体系组织形式演进的趋向，在 20 世纪和 21 世纪初将成为人类高级文明的主要标志之一。”① 而在区域城市群形成的过程中，人口的聚集与迁移也是一个重要的原因。从一定意义上看，城市人口的聚集往往与该城市的经济发展水平密切相关，但在社会发展初期，人口的聚集却随交通变化而变化。交通的发展除了提高城市交通运输业的兴盛外，还为社会发展提供了较多的就业机会，使更多的农村人口随之迁往城市就业，从而促进了城市人口的聚集并最终导致了郊区化的形成。可见，交通在促进经济区域化的形成和人口聚集方面的作用甚大。

所谓的京津冀一体化，归根到底是将城市群的经济整合为一，即区域经济的发展。从地理区位看，承德连接京、津、冀、辽、蒙，并在其中处于较为重要的地位，尤其与京地缘相接，在北京的707公里边界线中，且处于上风上水的特殊地理位置。随着京津冀一体化战略的实施，未来承德市的发展与京津及其他周边城市的同城化、一体化趋势会更加明显。因此，大力发展承德的交通体系，对于促进承德自身经济的发展和加强与周边城市之间在物流、人力、资金流等方面的运转意义重大。从整体实力来看，承德在京津冀区域中无论在旅游业、交通还是历史文化等方面都具有自身独特的优势。为进一步推进京津冀交通一体化的建设，京津冀三地政府共同协作，成立协作工作小组，制定相关政策，这无疑为承德未来的发展规划提供了保障。

其次，承德交通发展是京津冀区域经济发展的重要支撑。在人类生活“衣食住行”四大要素中，“行”虽排位最后，却不可忽视。人类的生活离不开城市的发展繁荣，在城市发展中交通居于基础性的地位。随着社会不断发展，人们对于“衣食住”的需求也日渐增长，这就驱使人类打破原有狭窄的生活圈子，而越来越注意加强与周边以及外来城市的交流与合作，从而促进基本生产物资之间的流通，而交通便是保证城区、城市等区域之间连接的基础设施，因此加强城市交通建设归根结底是为了提高人们的生活水平，满足人们物质与精神发展的需求。承德交通建设的重要性体现在多个方面：从城市的兴起和发展来看，交通是承德城市兴起的主要动力，它影响着承德各生产要素的流动和城市体系的形成；从承德城市格局和其产业结构来看，交通决定着承德的城市空间格局分布和产业结构分布；从区域经济发展需求来看，承德所处的地理环境和区位优势，承德的交通发展对于促进京津冀交通的一体化以及经济、文化等一体化的发展意义重大；从承德是自身的未来发展规划来看，承德其作为一个历史文化名城，具有丰厚的旅游资源，旅游业是承德未来城市发展的核心产业，承德旅游业的兴盛既突出了本地

---

① 转引沈玉芳：《产业结构升级与城镇空间模式协同性研究》，北京：科学出版社2009年版，第126页。

优势与特色，同时还可以带动相关产业，如旅行社、餐饮、住宿等为首的服务型行业的发展，交通则在其发展中具有引导与完善性的作用，加强承德的交通建设有助于进一步开发与利用承德的旅游资源，对于吸引外来游客，促进旅游业发展影响重大。承德交通发展除了保障本市居民生活需求外，还需要在每年的旅游旺季保障外来游客的出行需求。这就需要承德在今后规划城市发展方向时，要突出特色产业，加强交通建设，这不仅仅能推进承德产业结构的调整，促进城市整体经济政治环境的改善以及人文视野的提升，而且还是打造国际旅游城市的基本需求，更是促进城市区域化和提高自身综合实力的基础。

承德拥有闻名天下的避暑山庄及外八庙、棒槌山等人文景观和自然景观，这些都使得承德在京津冀一体化中占有很大的优势，因此，承德的交通发展是承德充分发展自身的旅游产业和促进京津冀区域经济发展的基础。承德应充分利用京津冀一体化的条件，把握机遇，全力推进承德“国际旅游城市”的建设，这就需要承德充分利用京津冀一体化的优势，积极主动地加强与周边旅游产业接轨，实现旅游交通之间的衔接，努力完善城市交通体系，以改善城市基础交通设施水平为突破口，全面提高承德中心城市的承载力和辐射力，加强与京津地区在旅游会展、文化创意、教育科研、医疗卫生、健康养老等产业发展之间的协作与共赢。

善乘京津冀一体化之势，巧借京津冀一体化之力，在服务中赢取更大发展机遇。这既是加强自身综合实力的要求，也是促进京津冀区域经济发展的重要方面，更是承德实现“国际旅游城市”这一目标的强大动力。可以说，承德旅游产业发展的主要制约因素是交通，不论是从承德自身长远发展还是从京津冀一体化发展来看，承德道路交通能否尽快实现一体化是承德旅游发展的决定性因素。

可见，交通是城市发展的命脉，一方面表现在交通发展促进经济的快速发展，另一方面城市的经济发展离不开交通的重要作用，而对于处在京津冀一体化背景下的承德，其交通发展无疑是其自身及京津冀区域经济发展的重要支撑。

第二节　自然与人文的结合：承德交通规划主要内容

一、承德航空、铁路、公路交通建设

随着社会的发展和承德旅游业的兴盛，承德建设生态交通及规划的重要性日益凸显。承德交通问题是关乎承德城市整体水平提升的重要内容，其交通的建设

与规划也彰显着城市综合实力的提升。

1. 航空建设

作为一个享誉国内外的旅游城市，承德未来建设生态城市的目标离不开其对于交通的大力投入与建设，作为旅游城市，承德必须要有一个自己的航空港。

承德机场的建设不仅是承德一项重大的交通基础建设，而且还是承德建设国际旅游城市的重要支撑，更是建设并完善承德现代立体交通体系的必然要求。同时，承德航空交通的建设也是承德全面提升自身对外开放水平的战略举措，是承德实现国际、国内合作，建设大项目、好项目不可或缺的重要交通保障。

从游客来源看，随着承德旅游业的兴盛，承德的游客量也在日益增长。来承游客除了内蒙古、北京、天津等邻近省市的客源外，较远程的游客比例也在逐年增长。由于承德属于山区，就目前的高速、铁路交通状况来看，并不能满足大量中远程游客来承的需求。因此，打通承德的对外交通，与全国重点的航空网络连接，从而为国内外游客提供最为便捷的交通线路。航空交通属于交通中最为便捷省时的交通线路，其修建无疑对于承德的旅游业是强有力的引擎。

目前，承德已充分意识到航空交通的重要性，正着手建设机场，经过中国民用航空局最终批复，确定承德县头沟镇小梁后为承德民用机场场址。小梁后位于承德市区东北部双峰寺镇北约 9 公里，头沟镇西南约 2 公里，距市区直线距离 19.5 公里，与在建的承赤高速互通，交通十分便利。高速建成后，距市行政中心车程约 30 分钟。该工程已于 2013 年 8 月下旬全面开工，目前正如火如荼地进行建设中，现已进入建设收尾阶段，这是承德市委、市政府近年来重点工程项目之一，也是全社会关注的热点。

从承德机场定位上看，承德机场建设主要为旅游支线机场，其运营定位既可以作为周边航空主干线机场（如北京、天津、石家庄机场）的支撑与补充，也可以作为未来建成的丰宁、围场等旅游机场的中转运输机场，还可以作为北京首都机场的备降机场，为首都机场分担客运承载力，缓解京津地区的航空压力，并形成京津冀空中交通网；从未来航线设计上看，考虑到来承德的旅客多以观光旅游为主，因此根据承德目前航空建设规划，具体有：初期航线拟安排承德至石家庄、西安、秦皇岛、呼和浩特、沈阳、大连等航线，远期增加承德至武汉、广州、重庆、杭州、青岛、上海、敦煌、昆明等航线，这些航线的开通将进一步助推承德国际旅游城市建设。

2. 铁路建设

铁路交通是承德外围交通的重点建设内容，目前承德的交通线路并不完善，还存在很大的提升空间。承德火车站位于承德市中心区域，目前有京承、锦承、承隆3条铁路在此交汇。随着承德经济的发展及旅游业对交通的需求，承德铁路建设越来越重要，尤其是近年来高铁站在全国各地区的开通与运营，更是极大地方便了人们的出行，高铁的建设将对承德的发展起到划时代的意义。鉴于此，承德将高铁的建设提上日程，并已开始建设。正在建设中的张唐铁路已经于2009年12月奠基开工；张双（西起滦平县张百湾，东至承德县双峰寺）、虎蓝（南起京通线虎什哈站，北至内蒙古自治区正蓝旗境内桑蓝线正蓝旗站，线路全长222公里，河北段143公里）、遵小（自遵化南站，经唐山市的遵化、迁西和承德市的宽城、平泉4个县市，终点接轨于承德市承锦线的小寺沟站）铁路已于2010年底前竣工通车；重点建设的京沈客运专线已在2014年动工，设计时速为350公里，途经承德市、辽宁朝阳和阜新，最终到达终点沈阳市，本线路预计2019年全线完工，届时北京到承德只需要50分钟。承德高铁站即承德南站，是新建京沈高铁的一个火车客运站，位于承德市区南部冯营子区段，在承德大学城附近，所处地势较为开阔，设计为3台7线，站房面积12000平方米。承德南站的建设及今后的投入使用，对于带动承德整体经济、政治、文化等方面的提升具有不可估量的作用。借此，承德将被列入全国城市高速铁路网系统，京沈交通线路的开通，将把承德同华北、华东、西南、东北快速连接起来，从而缩短了承德与北京、上海、天津、沈阳等城市之间的距离，并使承德的城市发展更加紧密地融合在京津冀辽城市圈中。同时，高铁线路的开通会提高列车的时效性、便捷性、舒适性，不仅会为承德的旅游业带来大量的游客，还会吸引大量的高端人士前往承德居住、避暑、开展一系列的商务活动等，并且承德还可以利用高铁客运站建设旅游集散地，为游客提供便捷的换乘运输条件，从而推动承德旅游业的进一步发展。

另外，为完善承德旅游业的发展，加强区域经济的提升，河北省与铁道部共同出资建设的承秦铁路线，作为承德交通建设的重要内容，对统筹河北省东部区域的经济发展，实现优势互补，特别是对加快承德市休闲旅游业发展，打造北京、承德、秦皇岛三市旅游“金三角”以及建设国际旅游城市具有积极的促进作用。承德应抓住京津冀协同发展的大背景，将本市铁路建设纳入全国高速铁路网，并将各条铁路具体化，加强承德与周边城市的联系，为承德经济发展提供契机。

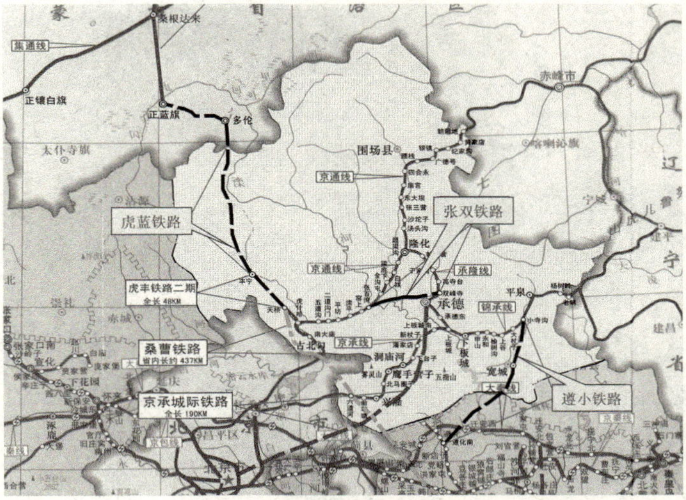

承德铁路规划图

3. 公路建设

目前承德的公路建设好于铁路建设，境内有 101、111、112 国道通过，联通内蒙古、辽宁、北京和天津地区。但是公路交通结构单一，开通线路较少，个别路段因其自身条件交通运输能力较低，这在一定意义上限制了承德的旅游业发展。尤其是在旅游高峰期，承德现有的交通设施并不能缓解承德的交通压力。例如，国道 111 是北京与丰宁和围场坝上之间最快捷的公路，但由于其间个别路段交通条件较差（北京至怀柔路段），严重影响了承德旅游业的发展需求。这就需要结合实际情况对其进行改善，以便更合理地完善承德的交通脉络。

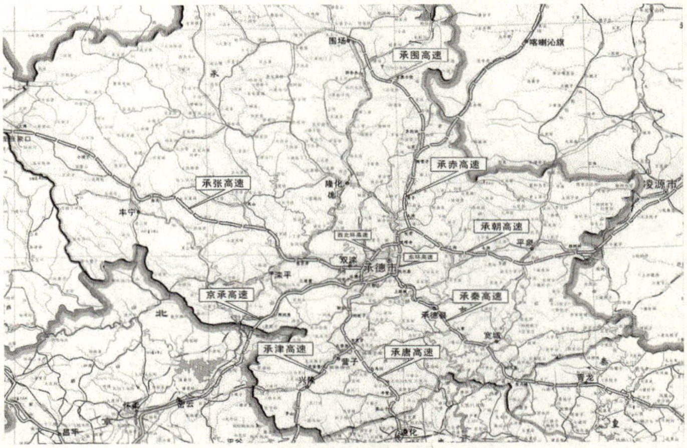

承德高速公路图

对此，承德市已采取了改善措施，并按照一级公路指标建设标准兴建大型的隧道项目，如南大梁隧道项目，来完善公路建设计划。此次对国道111线的改建，进一步加强了北京和承德在京津冀一体化中的联系，减少了丰宁至北京车程。特别是在改建路段，将丰宁县城与承张高速公路相接，这对于发挥丰宁、隆化、围场三地在承接北京产业转移、加强生态产品对京输送以及发挥本地的旅游优势和拓展本地旅游新渠道等方面所具有的地理区位优势，意义深远。正如承德市旅游局副局长孙雷所说："这条线路的开通，标志着'北京－丰宁－坝上草原－木兰围场－避暑山庄－金山岭长城－北京'这条京北黄金旅游线路全面畅通，必将推动承德丰宁围场生态休闲旅游产业的发展，同时也推进了承德建设北京生态花园和休闲旅游度假区。"

另外，承德要凭借京津冀一体化的机遇实现交通的一体化。目前，为进一步实现与周边城市旅游资源共享，承德长途汽车站还增开了多辆开往周边城市的大巴，比如承德－石家庄、承德－北京、承德－天津、承德－唐山、承德－秦皇岛、承德－朝阳等高速线路。同时，承德各县区也在大力推进自身的交通建设，大部分的县级公路基本完善，多数行政村都已通硬化路，基本实现"乡乡通油路、村村通公路"的公路建设现状。这为构筑以"一环八射"（所谓一环是指市区周边高速环路，八射是指京承、承唐、承秦、承朝、承津、承围、承赤、承张高速公路）为核心的综合交通网络，形成京津冀交通一体化的区域经济格局，提供了必要条件。

二、承德旅游交通规划

相比较河北省其他地级市而言，承德在旅游资源方面的优势显而易见，素有"塞外江南"之称。在承德的城市规划中，要结合城市现有的资源与优势，将休闲旅游与城市建设相结合，在今后坚定不移地做好休闲旅游产业的同时，加强相应的旅游基础设施的建设，发挥休闲旅游产业和城镇化发展的相互支撑和相互促进作用。而在这相关的基础设施建设中，本着打造"国际旅游城市"的目标，首先离不开合理、安全、快速、舒适、经济的旅游交通系统。

1. 建设交通集散地，加强景点之间的交通连接，充分发挥承德旅游资源优势

所谓的交通集散地，主要指的是城市的交通枢纽，是城市外来人员的主要集散地。旅游城市交通枢纽的服务对象主要由本地市民和外来游客两部分组成。相对于本地市民来说，旅游公交的主要服务对象指承德外来游客，而这些游客分为

乘坐火车、汽车等公共交通工具来承的游客和自驾游客。承德景点资源虽然丰富，但景点的分布较为散，这就使得来承德旅游的游客都集中在以避暑山庄为中心的旅游区，这严重超出景区的承载能力。尤其在旅游高峰期，常造成景点周边交通拥堵，给行人带来不便。在旅游交通规划中，应坚持从生态交通理念出发，结合游客对旅游公交的使用需求，完善城市旅游交通体系，建立良好的公交换乘系统，并与旅游相关信息、旅游接待服务等相结合，从整体上整合城市旅游资源，提升承德的整体旅游档次，使旅游公交真正为人所用、为人所享。这就需要在承德建设完善的交通集散地，加强景点之间的交通连接，充分发挥承德旅游资源优势。

因此，承德可以根据自身条件待高铁站和飞机场运行后，建设至少 3 个交通集散地，分别是承德南站交通集散地、承德客运站交通集散地以及承德飞机场交通集散地，并开通专门的交通线路与市中心或者市区主要旅游景点连接，从而使乘坐长途汽车、高铁等公共交通工具的来承乘客在高铁站或者客运站附近的旅游集散中心分别乘坐市区旅游公交专线前往市区各景点；还需要注意在高铁和长途汽车集散地之间要设置摆渡车，方便游客交叉换乘。另外需要注意的是，造成承德旅游旺季交通拥挤最重要的原因则是自驾车辆的大量进城。所以，承德应在高速路口修建大的停车场和旅游集散地，为游客提供信息咨询、交通集散、旅游接待等服务，并在高速路出口处根据实际情况建设大的收费停车场，开通停车场到市区主要景点之间的公交车，这样可以引导自驾游客先将车停在车场，然后再乘坐市区旅游公交到达市区各景点，这既有助于缓解城市市区与热门景点周边交通压力，又在一定意义上控制了大量的自驾车进入中心城区，从而可视为一条促进城市经济发展具有可行性较强的交通措施。

承德的公交规划中应加强旅游公交的建设。比如开通专门的旅游专线，将承德的各个旅游景点串联起来。针对“建设国际旅游城市”的发展目标，承德的公交设置中应在区域、市域和中心城区层面规划承德市旅游交通体系，要充分利用公交在旅游中的作用，建设旅游公交，开设旅游专线，并提高旅游公交的安全性、快捷性、舒适性，要突出旅游公交在游客出行交通中的主体性地位，将城市旅游交通与承德日常内部交通相区分，并以此来缓解承德的交通压力。比如设置市区旅行专线，以避暑山庄为核心开通避暑山庄与周边景点之间的交通线路（小布达拉宫及行宫、安远庙、安乐庙等）以及避暑山庄－棒槌山、避暑山庄－鸡冠山等主要景点之间的线路。

设计模式：

旅游线路一：火车站旅游集散中心－避暑山庄（换乘车站）－安远寺/普乐庙－溥仁寺－丽正门－万树园－须弥福寿之庙－普陀宗乘之庙－殊像寺－普陀宗乘之庙－须弥福寿之庙－旅游交通集散中心（双线并开，呈换线状）

旅游线路二：避暑山庄－普宁寺－汽车北站旅游交通集散中心－万树园－丽正门－高客站旅游交通集散中心

因为承德的多数景点并不在市区，而是位于县区内，比如位于隆化县的革命史迹旅游景区、位于平泉县的辽河源森林旅游景区、位于围场满族蒙古族自治县的木兰围场生态旅游景区、位于兴隆县的雾灵山生态旅游景区、位于丰宁满族自治县的丰宁草原生态旅游景区、位于滦平县的金山岭长城旅游景区和白草洼森林旅游景区、位于宽城满族自治县的蟠龙湖山水风光旅游景区、位于隆化县的茅荆坝生态旅游景区等九大景区，而这些景区中多数因为交通不便的原因而未被游客探知（比如承德县北大山石海森林公园、兴州古城遗址、滦平兴州行宫、丰宁的凤山戏楼和关帝庙等），所以要规划市区景点与非市区景点之间的旅游交通线路。目前承德已在完善这些交通线路中做出了很大的努力，比如承德到围场、承德到兴隆雾灵山相对比较方便，而承德到丰宁坝上、承德到滦平金山岭长城等之间的交通有待进一步建设。开设旅游专线无疑是缓解城市交通压力和促进旅游城市建设的一种重要手段。关于这点，可以借鉴其他城市的经验，例如扬州就做得非常好。扬州城市旅游专线主要以古运河为主线，串联城市包括瘦西湖、何园等景点，既凸显了扬州这座城市所具有的历史文化特色，又进一步提升了扬州作为旅游名城的文化品位。承德可以学习借鉴扬州的旅游公交规划，充分重视承德旅游资源的人文历史内涵，并注意将其丰富的旅游资源连接起来，以突出承德旅游业的整体性与完整性。为了提高公共交通在旅游中的利用率，首先，可以让购买景点门票的游客享受乘坐旅游公交优惠的政策，以此来鼓励游客选择乘坐公交到达城市各景点以便缓解城市交通压力；其次，还可以通过适当的提高景点附近停车费用来减缓其停车压力；再次，还要在旅游公交体系建设中，注重提升旅游公交的整体服务水平，严格规范停泊位和乘车秩序。总之，建设旅游公交和旅游集散地，开设旅游专线，加强景点之间的交通连接，这对于充分发挥承德旅游资源优势，促进承德旅游业的快速发展意义非凡。

2. 合理规划特定时期（季节）的交通系统，提高城市旅游效率

承德地势由西北向东南阶梯下降，因此气候南北差异明显，且具有多样性。

承德四季较为分明，季节变化较为规律，因其所处的特殊的地理位置，四面环山，冬无酷寒，夏无燥热，是著名的旅游避暑胜地。另外，承德属季风气候区，风向的变化具有明显的季节性。虽受山地地形影响，但滤掉地方性因素引起的变化，仍具有其主导特征。承德这种独特的气候使得承德的旅游具有季节性，每年的6月到10月是旅游旺季，11月到次年5月则为淡季，而个别景区如围场坝上则只有7、8月份为旅游季。这种季节性的旅游，使承德的旅游期比较集中，客流量大，也使得承德整体旅游收入略显失衡。

承德的旅游呈现规律的季节性，旺季与淡季区分明显，在每年的6月到10月期间，是承德旅游的高峰期，11月到次年5月则为旅游淡季。结合承德这种气候所决定的旅游特点，承德的交通系统在保证居民日常出行需求外，还应完善旅游高峰期交通的应急功能。比如在旅游旺季，尤其是节假日黄金周（五一、十一期间），要适当地增加景点之间的观光车数量，合理规划承德旅行路线。待高铁建好后，承德可以根据每个站的客流量增加相关车辆，并就近提供免费的公交换乘系统，要尽量避免不同类型游客因为交叉选择交通线路时对城市交通带来的干扰，同时也为游客提供便利。

承德市区内公交车站之间的距离较短，行驶的速度十分缓慢，尤其是在旅游高峰期，交通拥堵现象更为突出。因此，在此基础上，结合承德旅游的季节性特点，在每年的高峰期适当地增加承德－木兰围场与承德－丰宁坝上之间的旅游大巴，同时将景点连接在一起并错开景点与景点之间旅游的时间点，这样既有利于提高承德旅游资源的利用率，又能在一定意义上缓解避暑山庄的承载压力与周边交通的不便。承德应合理完善承德各景点的联票制度，目前的套票主要是避暑山庄与外八庙及棒槌山于一体的，之后的规划中可以将双塔山、鸡冠山、僧冠峰、魁星楼等景点纳入其中，做到以避暑山庄为中心，辐射承德其他景区。这些景点联票的设置，既能充分发挥承德本地旅游资源优势，又有利于促进承德景点的全面开发。

3. 加强承德本地旅游与周边旅游之间交通的衔接，促进区域旅游资源的一体化

河北，简称冀，省会石家庄，在战国时期大部分属于赵国和燕国，所以又被称为燕赵大地。河北东临渤海、内环京津，管辖石家庄、唐山、邯郸等11个地级市。河北省自然和人文景观资源较为丰富，境内有老龙头、山海关、金山岭长城、承德避暑山庄及周围寺庙、清东陵和清西陵等重要旅游资源。承德处于燕赵大地的大环境中，又有北京后花园之称，且位于京津冀一体化的区域圈中，因此，承德应深刻认识到自身的优势和其所具有的机遇，紧紧依靠京津冀一体化的

发展规划，加强自身与周边城市的协同发展，并在此发展中不断强化“协同就是机遇”意识，在完善自身建设的同时，兼顾周边，并充分认识到建设好京津冀的每一寸土地都是共筑中国梦的一部分，从而在奉献京津冀一体化中实现共赢发展。这些都需要注重建设承德与周边城市之间的交通要道，打通与周边城市之间的阻隔，实现区域经济的整体繁荣。具体可以开通承德与周围城市景点之间的专线交通，目前旅游专列的开通已成为连接城市经济、政治、文化一体化的重要途径。承德目前已经有承德至秦皇岛景区之间的线路，即将开通承德至张家口京北草原的线路，今后还需在此基础上进一步完善与周边景点之间的交通线路，结合京津冀城镇群、环首都等周边地区相关规划和国家区域层面综合交通相关规划，加强承德与京、津、冀东及西北地区的关系和联系通道，这些线路的开通可以将河北燕赵文化融合在一起，促进文化经济的沟通与融合。

三、承德城区交通建设

1. 完善并规范城区公交系统

公交是城市交通体系的重要组成部分，是城市居民出行的主要代步工具。但是，随着我国社会经济发展和城市化的推进，城市交通拥堵问题也日益凸显，并成为当今最热门的话题之一。如何改善交通堵塞和道路拥挤，为社会提供方便、快捷、经济、安全的出行环境，是当今城市交通规划面临的重要问题。同时，由大量增加的机动车辆带来的环境污染，资源浪费等一系列问题也亟待解决。解决这些问题，大力发展和合理规划承德的公共交通，对于承德的经济发展，提高城市综合资源的利用率，惠及百姓，有着十分重大的意义。近年来，随着承德人口的不断增加和旅游业的开发，承德城市发展的规模也不断扩大，其中，核心区集中了全市商业购物、娱乐休闲、餐饮住宿的绝大部分功能，客流量大增，尤其是在每年的旅游旺季，每日乘客量与机动车辆相互混杂使得老城区成为城市最为拥堵的地区。因此，公交线路是规划承德交通的一个重要方面，也是承德交通畅通的保障。

针对承德这种具有特殊的串珠状组团形态和“一体两翼”的空间格局，注重规划完善城区公交线路线的规范性，可以从以下几方面进行：

第一，合理规范公交区间和时间。区间公交是城市公交线路的一种特色，便于乘客目标明确地到达目的地。然而承德的交通路线中多条线路的区间标注并不明确，区间与非区间路线所用的线路数一样，这就容易让乘客在多数情况下产生混乱，从而影响了正常的通行。例如，6 路线区间范围为：南园大街 – 二中；而 6 路线为：第三医院－世纪城；6 路区间为：河北民族师范学院－二六六北院。可见，6 路既有区间又有非区间，这就容易让乘客混乱，也因此而常发生坐错车的事情。所以，承德今后的交通规划中，首先要完善承德的交通路线的规范性，这就需要明确区间与非区间路线，以便更加明确乘车目的地。同时，承德作为一个以旅游为主导的城市，公交收班时间较早也是造成其交通拥堵的一个重要原因，这也使居住在该市近郊的市民和来承德旅游的游客深感不便。所以，承德应延长公交车辆的收班时间，尤其是在旅游旺季，这对于缓解交通压力有一定的意义。

第二，严格规范公交发车时间和车辆间隔时间。公共交通作为城市交通最基础的设施建设，凭其实惠的价格和广泛的覆盖面而成为城市居民出行的重要工具，但随着交通的发展以及交通问题的日益显露，比如，堵车、公交运行不准点、车速慢、候车时间长等，使得居民的出行方式发生了改变，公共交通已不是当下居民出行的首选工具。在承德，道路拥堵导致的公交车辆大间隔现象屡屡发生，比如承德翠桥站点，常有市民反映每天早晨乘坐 6 路区间车到府前路世纪城上班，经常需要等上 20 分钟左右，甚至 30 分钟，有时承德市区新居宅站乘坐 7 路公交车到市核心区南营子大街文化大厦站下车，本来仅 10 分钟路程却常要半个多小时以上才可到达，期间在只有 200 多米长的承德大桥上就堵了好久。这些问题的其中一个原因，便是公交发车时间和车辆间隔时间不合理，从而使得城市拥堵现象日趋严重，滞留乘客投诉公交“乘车难”的呼声不断增加。因此，公交线路应全面合理地安排车辆出行，并严格规划出站时间，车辆的充足是保障交通畅通的一个重要方面。

第三，完善公交线路。积极完善市区公交线路及公交网建设，推进市区至上板城、至下板城、至营子、至隆化韩麻营、至滦平张百湾等公交线路，并提高农村客运公交的运行率，同时还要加强北京与兴隆、丰宁之间的城际公交建设。

最后，承德的公交问题突出，归根结底还是城市对于公交体系的投入不够，资金的短缺是承德公交拥挤的一个重要原因。这就要求承德在今后的公交改善中，还需要加大人力物力财力的投入，合理规范交通路线，严格遵守交通时间，引进交通人才并全面规划驾驶员分配，提高驾驶员工资待遇，而这些都是承德在今后的交通规划中所不得不面临的问题。

总之，关于承德公交的建设与规划、改善交通条件、方便市民出行，除了整顿并完善承德现有的整体公交路线，确保居民在 300 米以内能够乘坐到公交、方便市民出行外，对于一些特别拥挤的线路，还应当增加公交的班次，或缩短运行的时间，以切实的方便与快捷让市民在出行时选择公交，从而能真正发挥公交在城市交通体系中的重大作用。

2. 建设公交专用道，合理规划公交停靠港湾区

所谓“公交专用道”，指的是通过设置和划定公共交通专用道路、优先单向、逆向专用线路等，保证公共交通车辆对道路的专用或优先使用权。公共交通专用车道要配套设置完善的标志、标线等标识系统，做到清晰、直观。公交专用道的设置是保证城市公交体系完善的重要举措之一，是实现公共交通优先的主要载体。目前在承德的交通系统中还没有公交专用道，这致使公交车的停靠随意，不能严格遵守公交守则，从而给城市居民日常出行带来了不便，也是城市整个交通拥堵的重要原因之一。在今后的规划中要注意公交专用道的设置与利用，既要加强驾驶员的业务素质培养，也要加强对市民的宣传教育力度；还要建立并完善公共交通专用车道的监控系统，对非法占用专用道、扰乱城市公共交通正常运行的其他车辆给予严肃处理，保证公共交通专用道真正专用，不受侵犯，以便更加全面地提高公交专用道的使用率。

与公交专用道相伴随的基础设施是城市的公交停靠站。公交车停靠站是城市交通发展的标志性建筑，不仅是城市惠民便民的民生工程，更是给老百姓出行提供便利的公共设施。一般而言，城市的交通停靠站往往处于城市道路路段与交叉口附近，所以经常会与社会车辆交织并相互干扰，这样既影响了公交车的正常停靠与启动速度，同时也影响了其他车辆的正常行驶，尤其是在道路交通流量的高峰期，严重影响城市交通正常运行。

港湾式公交停靠站

目前城市的交通停靠站按照几何形式分类，可以分为港湾式和直线型。所谓港湾式停靠站，主要是指“在公交停靠站处将道路适当拓宽，将公交车的停靠位置设置在正常的车道之外，以减少公交车辆停靠时形成的交通瓶颈对社会车辆和后到先走的公交车辆超车的影响，保证路段车流的正常运行。”① 据调查，目前承德的交通停靠站多为直线型，这就需要在今后的交通改建中应酌情建造港湾式停靠站。因为港湾式停靠站的设置，其宽度通常与车道宽度相等，也可以略小于车道宽度（平常所见的公交车辆车身宽一般为2.5米，所以港湾宽度至少要大于3米才能满足港湾停靠站的需求）。同时，港湾停靠站的设置需要挤占人行道和非机动车道，因此承德的港湾公交车站的设置要充分考虑实际情况，需要注意两方面：一方面，新公交站点的选择应在充分考虑便民与符合港湾车站设置条件的情况下设置，这就需要对车道宽度有充分的了解；另一方面，对旧有的直线型车站，在满足港湾式停靠站要求的条件下进行改建，比如后窑站、师范学院前门站等交通流量较大的地方，都可以改建为港湾式停靠站。从长远来看，港湾式公交停靠站的设置既可以在很大程度上减少站点周围交通拥挤、堵塞等现象，同时又可减少因乘客上下车而导致的交通事故，从而达到便民惠民的目标。

承德城区需要建设港湾停靠站的道路之一

近年来，随着承德经济的快速发展，交通建设也日新月异，一批又一批的公

---

① 朱媛媛、汪正进、苏诗琳：《浅谈港湾式公交停靠站的设置》，《交通与运输》2006年第2期。

交车停靠站也逐渐在完善。到目前为止，多数县、镇、村都已建立候车亭和沿途停靠站，并开通城市与县、镇、村之间的交通线路，基本实现了城乡公交全覆盖。但承德的公交停靠站仍然存在着很多亟待解决的问题，比如公交停靠站附近出现人流拥挤、公交车辆在公交停靠站附近停靠秩序混乱、乘客奔跑追赶进站车辆以及由此而产生的频繁的交通事故，等等，由此可见，合理地规划城市的交通停靠站对于城市的交通建设，提高交通安全系数至关重要。

总之，交通发展不仅带来了城市的兴盛，而且促进城市经济的快速增长。作为城市生产发展的第一道工序，城市公交系统是城市交通的骨架，是连接城市各环节之间的脉络，它直接保证着城市经济生活的有序运转。城市公交的建设不仅能改善游客的换乘条件，完善旅游交通服务，促进城市公交线路网的建立，而且能有效地缓解城市交通拥堵，改善城市人居环境，促进城市可持续发展。承德作为一个以旅游促进现代城市建设的典型，其公交系统的建设应充分考虑游客对旅游交通的需求，并在实际的交通规划中，将本地旅游资源与交通资源有效整合，要进一步完善城市公共交通在旅游业中的重要性，结合承德的旅游资源及其特色，在车站建设、车辆配备、设施装备与相关旅游服务建设等方面都要有所改善，要建设综合的旅游公交系统，还要建立各个站之间的摆渡车（尤其是各个旅游站点之间的摆渡车急需规划），以凸显承德建设国际性旅游城市的长远目标。

第三节　承德交通规划中的生态理念

随着生态城市建设成为目前城市发展的主要前景，生态在城市交通建设中的重要性也越来越凸显，因此生态交通建设便应运而生。所谓生态交通建设是指，“按照生态原理规划、建设和管理的资源能源消耗低、污染排放少、与环境相协调的交通体系，是社会生态文明的重要组成部分。城市生态交通运输系统是以生态学为理论基础，以考虑生态和交通双重需求为前提，在城市交通规划、建设和运营中最大限度地降低交通系统正常运转所造成的环境污染和资源消耗而形成的生态化的城市交通运输系统。”① 目前，我国存在的交通拥堵现象已成为制约一

① 张永辉、闵永军：《城市生态交通构建的研究现状及展望》，《交通企业管理》2012 年第 1 期。

个城市经济、科技、社会发展的主要原因，且由于交通拥挤而导致的空气污染、噪音加剧、时间浪费等问题严重阻碍了城市的健康持续发展。因此，建立良好的城市交通生态系统是解决众多城市交通问题的根本方法。

结合承德交通所面临的具体情况与承德未来的城市发展目标，承德交通规划应充分考虑其生态性，并将生态与交通有效地结合，按照生态原理规划、建设和管理其未来的交通，尽量建设资源能源消耗低、污染排放少、与环境相协调的交通体系。规划生态交通既是建设生态承德的基础，也是贯彻落实科学发展观，促进人与自然和谐发展的内在要求。承德应结合其自身地域特点，在充分了解现有的交通建设内容及生态交通建设的理念与内涵上，规划承德具有经济、健康、景观、文化、安全等5个相互作用、相互影响的功能属性的生态交通。

一、现代科技创新与节能交通

随着信息时代的到来，智能交通系统已经越来越被各大城市关注，其主要功能除了为社会公众提供便捷的交通指示外，关于交通以及各类信息的分布也越来越依靠于此，各大重要交通场所，如机场、火车站、高速公路、公交车站、码头、城市道路、停车场等，都越来越需要对相关交通的最近信息有所了解，而LED显示以其高可靠、高亮度性等特点受到交通行业的青睐。在我国的交通建设中，机场航班动态信息显示终端系统较之铁路旅客引导信息显示终端系统的起步要早，但在实现手段上都以CRT和LED为主。近年来，随着科技的快速发展，以及互联网体系的完善，铁路和航空信息显示系统越来越自动化和智能化。目前的道路交通指示系统正在迅速兴起和完善，而根据道路交通的环境特点，LED显然是一种最便捷、最主要的信息显示手段。

承德作为一个旅游城市，伴随着城市化的推进与旅游业的发展，其关于城市相关信息的快速、高效的发布，对于外来游客充分全面地了解承德不可或缺。因此，承德的公交规划中应引进LED的运用，比如在公交站修建LED显示屏，提示预计下一辆相关公交车的到站时间，同一路线的公交车辆之间的时间相隔，交通拥堵路段以及天气状况等。公交LED显示屏的使用，可以为来承德的游客最便捷地提供相关信息，其对于交通信息的公布，不但可以让乘客了解相关的交通信息，减少交通拥堵，同时还能降低能耗，减少环境污染，更可以方便交通总公司总体上了解交通要道上的车辆情况，包括车次过密或者过疏、公交越站不停、超速“赛跑”等违规现象，并及时对此监控、改善，从而提高交通的管理能力，同时也便于保证乘客的安全。另外，交通LED显示屏的使用，对于宣传地方特色、塑造承德交通文化具有重要意义。交通文化是“人们在社会活动中依赖于以交通方式、交通资源、交通技术为支点的信息活动而创造物质财富和精神财富的总和”,① 其既是城市发展的经济现象，也是一种文化现象。交通文化作为一种具有特殊内涵与表现手段的文化形态，无疑对承德的生态城市建设及其旅游业的发展意义重大。承德自古有“塞外江南”之称，在全国的区域、政治、文化方面都具有独特的优势，尤其是承德的旅游业更是承德对外宣传的形象名片，因此，交通 LED 显示屏的使用，除了对交通信息进行及时公布外，还应展播城市旅游宣传片，滚动城市最新旅游信息、新闻等，从而为创建交通文化、打造旅游城市、塑造城市印象做出贡献。

科技即创新，现代城市交通建设要敢于打破传统，实施创新，比如承德可以尝试实施潮汐交通规划。所谓潮汐车道，源于交通中的一种“潮汐现象”，即可变车道，主要是指根据城市不同时间段（一般指早晚时段）的交通流量情况，对有条件的道路试点开辟某一条车道，使车辆可以在这个时段内的行驶方向有所变化。具体操作中可以通过车道灯的指示方向变化来控制主干道车道的行驶方向，并以此来调整车道数。例如，左转车道很拥堵，但直行车道却较畅通，值班交警可以根据实际情况操纵遥控器，在很短的时间内让直行车道变为左转车道，从而缓解左转车道的拥挤状况。这种随车流量变化车道的现象便是潮汐交通的主要体现。潮汐交通作为一种超前的交通规划理念，在上世纪 90 年代便有一些城市实施过，但当时只是作为一种临时性的交通管理措施，并没有上升到交通管理模式层面去研究和推广。然而，“潮汐车道”这种理念在国外已有 20 多年的历史了，并且其实施的效果颇佳。当然，并不是每一条路都有实施“潮汐车道”这样的条件。北京城市作为中国的首都，其人流量无疑较大，近年来随着城市发展和外来人员的涌入以及上班族的增加，北京也渐显示出大量车辆早上进城、晚上出城的现象，人流量呈现出明显的潮汐特征，因而可以适当地运用“潮汐车道”这个创新式的管理方式。实际上，潮汐车道的实施体现了一种路权分配上的创新，这不仅是对道路资源的分配，也是对时间的一种分配。

与北京相比，承德也面临着早上进城人数与晚上出城人数流量相对集中的类似现象，承德的交通问题除了前文所提及的之外，还体现在每天上下班时刻或者周末时段进城方向交通流量大，反向流量小；而晚上则是出城方向的流量大，这种早上进城、晚上出城更是加重了承德早晚的拥堵现象。针对交通这种“潮汐现象”，承

---

① 张亚平、左玉辉：《我国城市生态交通规划研究》,《生态经济》（学术版）2006 年第 2 期。

德应该在今后的规划中尝试“潮汐车道”的措施。这就需要承德交通部门应首先对承德交通整体存在的问题进行调查总结，并将城市主要拥堵道路的改善提上日程，在可行的条件下，可以创新性地实施潮汐交通。在交通规划实施中，通过采取可变车道的方式来组织交通秩序，比如，在早晨进城车辆高峰时期，增加进城方向车道数，减少出城方向车道数；反之，在晚上出城车辆高峰时期，则增加出城方向车道数，减少进城方向车道数。当然，潮汐车道的实施究竟效果如何，还需要依靠大量的实践数据来证明，但从理论角度来看，这种随实际情况可变更的车道，无疑顺应了交通变化的规律，一定意义上提高了交通的便捷性。所以，承德的交通规划不能仅仅局限于传统的交通改建与完善，而要在此基础上敢于创新，要在不断考察分析的基础上，善于发现和借鉴其他城市交通规划的方案，在结合本地实际情况的基础上，体现与时俱进的城市发展精神。这对于承德在京津冀经济圈中协调发展其交通生态格局，并抓住机遇转变其产业结构，在环首都经济圈中率先形成重要突破口具有重要的意义。同时，潮汐交通作为一种超前的交通理念，无疑会体现着承德的经济发展水平与实力，体现着生态交通的重要内容。

当然，不管是交通 LED 显示屏的使用，还是潮汐交通的事实，都不是科技交通的唯一手段。在网络化时代的背景下，建立诸如网络交通评价系统、网络交通实时监控系统等，都体现着科技在生态交通中的重要性。同时，还要提倡节能交通，倡导发展绿色交通工具，比如应更新现有黄标公交车，大力引进使用以天然气为燃料的绿色公交车辆，并提高清洁能源车的使用率。同时还需要注意，出租车也属于公交系统的重要内容，因而需要在绿色交通规划中完善对出租车辆的更新和出租车服务区（天然气加气站）的建设，确保天然气加气站的建设与更新的天然气公交车及出租车辆同步投入使用。这对于城市建设节能型、先进型的生态交通体系无疑有着重大意义。

二、景观设计与便民交通建设

从生态交通理念建设的要求可知，交通工具的便捷和节能减排以及这一交通工具的合理科学的运营管理是构建城市生态系统的重要方法。从宏观角度来看，城市未来的交通规划应注重交通的基础设施建设，使用环保型汽车和开展节能减排措施是城市生态交通规划的重要举措。大力发展城市公共交通建设，特别是轨道交通，是城市生态交通发展的主流。“轨道交通是现代公共交通的重要方式，其带来的噪声和空气污染等环境方面的损失仅为道路交通方式的 6% ~ 10%。香港的快速轨道交通运营成功模式就值得人们思考、研究和借鉴。”① 香港快捷、高效的轨道交通成为本市人们出行的首选，这无疑成为我们大多数城市解决交通问题的参考经验。同时，从城市景观建设方面来看，城市交通体系既是城市各环节之间相连接的重要通道，也是城市景观的廊道系统。从一定意义上来说，城市的形成是众多交通相汇合的结果，因此城市的交通网络往往促成了城市的基本格局和城市景观的形成。因此也可以说，城市交通所包含的每个组成部分都是城市的交通景观，包括停车站、高架桥等，但轻轨无疑是最为快速、便捷的城市现代交通风景。

承德市的地形可谓是“山沟纵横”，这种地形地貌在全国的中等城市中并不多见，因此，在承德的交通规划中要充分利用现有条件来顺势打造适合本地的交通线路。根据承德的这种狭长地形地貌，可以规划一条自东向西的城市轻轨，其走向为：从市区东南方向的太平庄－冯营子大学校园区－大石庙－高新技术开发区－偏岭－机场新区－承德大桥－武烈河铁路桥－义泰兴－二仙居－陕西营－窝瓜园－头牌楼－下营房－高庙－三岔口－双塔山－滦河镇－承钢－西地。这条轻轨的线路不仅是城市现代化的表现，而且还可以把整个城市串联起来。承德规划这样一条轻轨线路，其主要的便利条件为：线路西段可以充分利用承钢铁路专用线来大大节省建设成本；中段（繁华市区段）则可以沿河而上，必要时可以采用高架桥方式建设；而东段则可以利用滦河河流沿岸和武烈河河流沿岸来减少征地费用。考虑到承德的地形，这条轻轨应该是一条地面上的交通线路，这种轻轨线路在国内已有先例，比如天津－塘沽段的地上轻轨列车。承德可以效仿于此不断完善自身交通体系。承德轻轨的建设一方面凸显了承德经济发展中的科技成分，另一方面对于本市交通也会起到一个疏导和分流的作用，而且由轻轨列车串通的现代化的城市交通格局，无疑将会为承德在国内交通发达的城市行列中争得一席之地。轻轨建设可以最大限度地节约城市的交通资源，在环保、节能等方面有着领先的优势，这无疑与生态城市建设的主题相契合，同时轻轨建设凸显了交通景观这一生态交通建设的重要内容，将会成为承德最壮观、最具有城市特色的交通地标景观，体现了生态交通的建设特色。

另外，承德还应结合自身交通问题和地区特点，大力发展高架桥、天桥、地下通道建设，提高交通的便捷性和人们出行的安全性。高架桥主要是城市发展的表现，其修筑往往是因为城市发展后，交通拥挤，建筑物密集，而街道又难于拓宽。承德的地形决定了其无论是交通还是河道规划都必须从城市所面临的具体实际情况

① 张永辉、闵永军：《城市生态交通构建的研究现状及展望》，《交通企业管理》2012 年第 1 期。

出发来进行。承德狭长的城市格局造就了目前相对稳定的交通体系，所以，除了完善公交体系外，可以结合承德交通现有的特点，适当地增加高架桥以期疏散交通密度，提高运输效率，缓解交通压力。与高架桥相似的则是天桥。生态交通建设其中之一便是交通安全，这既是保障生命的基本需求，也是城市交通建设中的重要因素。近年来，交通安全已成为一个城市对其生态交通考核与评价的基本指标，而城市的天桥建设是确保城市交通安全的重要途径，尤其是在人流量大的交通区域，天桥的修建无疑非常必要。城市交通天桥的修筑主要分布在交通拥堵区和人流量大的地段，以及主干道宽阔行人斑马线少的地方。针对承德目前的交通现状修建天桥是十分必要的，比如承德大桥就处于进入市区的中心地带，且集大桥、斑马线、十字路口多种交通因素于一体，路况较为复杂，上下班高峰期堵车现象严重，所以在此修建天桥可以将人流与交通分流，对于缓解此处交通压力至关重要。再如，因为武烈河整体呈狭长走向，斑马线较少，所以沿路交通简单，车速较快，通过马路的行人极为危险，所以可以在武烈河两岸道路靠近居民区和行政区的地方修建天桥，一方面可以保证道路交通的畅通，另一方面也可以提高市民过马路的安全性。作为一座旅游城市，为进一步方便来承游客熟悉了解承德的旅游信息，承德的交通规划中还应在交通要道两边增设多处交通定位图片，这样既可以方便游客出行，让游客最便捷地知道自己的方位，又可以成为一个旅游城市的人文景观为城市增色，从而实现城市景观设置与便民相统一的生态交通。

承德大学城附近的高架桥

三、绿色环保与自助交通

城市交通建设的发展在给人们带来生活便利的同时也带来了严重的环境污染问题，这已成为人们的共识。因此，生态交通的提出必须符合解决城市交通的环境问题的理念。目前的承德交通主干道已经基本成型，将来的交通规划与发展正在进行，轨道和公交以及航空交通的投入与建设已开工，前途可观。但是城市对于私家车数量增量的控制仍存在一定的难度，众所周知，私家车的使用是现代居民生活提高的一个显著标志，为居民日常生活出行提供了较大的便捷。然而城市私家车增加使其缺点同样日益凸显，比如大量私家车的使用导致城市空气污染严重，造成市区车辆停占空间加大，尤其在市中心区域，大量的私家车出行是造成城市交通拥堵的重要原因之一。同时，私家车的增量不仅是指其拥有量，还要乘上它的运行时间，这在另一个层面而言，也给居民出行带来了不便。因此，在承德的交通规划中，提高交通的健康指数也越发重要。

基于此，为缓解承德的交通压力，应限制私家车的数量。相关政府部门可以出台私家车的限行和限购政策，一般而言，可以从以下方面来进行：一是加强交通管理，实施私家车限行规定；二是采用经济手段对违规进城的车辆进行经济制裁；三是通过政府政策下发相关的限购车辆文件。近年来，根据承德的交通情况，承德的交通管理部门也相应地采取了一些措施，但经济的快速增长和居民生活水平的日益提升，使得私家车的增量异常迅猛，因此，在短期内缓解因私家车激增而造成的交通拥堵情况显然是有困难的。鉴于此，为进一步提升承德的城市交通运输效率，保障居民出行的顺利畅通，让公共交通实现更快地发展，可以适当地考虑自行车的回归与城市自行车道的建设。

自行车属于非机动车辆的一种，是目前城市交通规划中需要大力投入建设的。“可持续发展原则在交通生态规划中体现在以下四个方面：资源利用最优，交通成本最小化，系统最优，环境友好。”“交通健康主要考察交通对空气质量、工作环境、人居环境的污染状况和车内外环境的健康、舒适以及交通工具对能源、土地资源的消耗状况。生态交通应该是资源高效、能源清洁、环境友好的。”① 自行车的使用既能方便市民出行，在一定意义上缓解公交压力，从而起到便捷惠民的目的，同时还具有良好的节能环保的功效。而实现自行车的回归，当务之急便是规划自行车道。承德的城市格局呈狭长状分布，在条件允许的情况

① 张亚平、左玉辉：《我国城市生态交通规划研究》，《生态经济》（学术版）2006 年第 2 期。

下，应合理地规划自行车道。由于市区地少，交通人流拥挤，致使很多私家车都停在路边，严重阻碍了交通的畅通。所以，在自行车道的规划中，切实可行的策略是把路边的一些停车位腾出来，用标线标明为自行车道，自行车道可以窄一些，这样可以在一定程度上使私家车的使用率降低一些。在自行车的回归规划中，可以效仿一些城市建立专门的自行车广场并提供一定数量公用自行车，即在城市的一些交通路段，可以投资 15～20 辆公用免费自行车供市民使用，市民只需在交管部门办理公交卡即可刷卡使用。为促进这些免费自行车的循环使用，可以规定市民在一个提车处使用自行车的时间（比如 1 小时，过时需缴纳一定费用），这样既保证了市民随时都有车可用，同时也能最大层面地惠及多数人。而公用自行车广场也可以由一些废弃的停车场规划而来，这些自行车广场的建立与自行车的使用，将会为车辆拥堵的现代交通带来活力，进而为城市的交通发展注入一种新的血液。

目前，比较兴盛的一种旅游方式是骑行，而承德整体的交通规划和城市格局都使得承德的骑行旅行欠缺，从而缺少了一种旅游城市的文化氛围。可见自行车道的建设在一定意义上为城市环保、节约的生态理念的旅游文化氛围的营造做出了表率。

另外，城市交通设施建设占用大量土地资源，这不可避免地会给交通设施及周边的自然植被带来破坏；城市公路的硬化也会影响到城市地下水的补给，造成城市地下水水位下降、城市街道自然景观遭到破坏。因此，城市交通规划中还要注重对于道路周边植被的规划与建设。城市道路边的绿色植物行道的规划，不仅构成了城市自然景观的重要内容，同时还起到防尘、遮阴、增加湿润度、调节气温以及分隔人行道、保障行车安全等作用。当然，选择行道树必须首先对城市的道路地质等条件进行实际的勘察，对道路周边环境要进行详细的分析，同时也要注意到城市不同季节行道树的适应能力及其在城市中的景观效果。在道路设计规划时，除考虑道路的走向、路面材质构建、道路照明情况等因素外，还应该把绿色交通的理念融进规划里，这对于建立城市的生态交通体系尤为重要。在城市交通行道植被规划中，要注意选用适应能力较强、能代表地方特色的且生命力较强的植物，同时也要选用一些对于交通污染有着较好的净化能力的植物，比如女贞、杨树、广玉兰等。此外，“还必须构造包含车辆、道路、城市绿化植物等要素在内的生态交通系统，消化和吸收机动车所产生的污染物，达到实现生态交通的目标。”①

① 张永辉、闵永军：《城市生态交通构建的研究现状及展望》，《交通企业管理》2012 年第 1 期。

当然，除了以上这些交通构想外还需注意，任何一个完善的、不断前进的城市体系，都离不开相关法律法规的规范作用和科技的推动作用。无论是公交建设还是其他交通设施的建设，都需要健全的法规作保障，这就需要在承德的交通规划中加快交通立法的进度，强化“生态理念”在交通建设中的重要性，构建生态交通，建立完善的法规政策体系，从而为发展城市交通提供法律保障。并且，在交通规划中还要注重科技的作用，应在条件允许的前提下，引进具有安全、实用、快捷等特点的新型交通工具，从而提高城市交通建设中的科技含量。同时，还需要加强城市文明道德建设，提倡文明出行、安全出行，强化交通职业技能和道德教育培训，提高城市交通运行的规范性、高效性以及人文性。

本章结语

俗话说“衣、食、住、行”是人类生存和发展必不可少的四大物质条件，这些基本的物质条件都是促进人类社会发展的重要基础。然而，随着全球生态环境问题的逐渐加剧，尤其是城市交通发展带来的诸如环境污染、出行困难等问题的严重凸显，使得很多国家越来越重视新的城市发展与道路建设。目前，我国正处于城市建设的加速阶段，经济与城市化在取得进步的同时也带来了一些诸如城市房价上涨、城市环境污染、城市交通拥堵等亟待解决的问题。城市的交通问题涉及到城市发展的多个层面，是提升社会综合力的关键。在此背景下，生态交通建设之路便成为城市建设的必然选择。近年来，我国已经逐渐意识到生态交通建设的前景与重要性，提倡城市交通规划中的生态性，并从科技、自然、人文等角度出发，紧紧围绕绿色交通规划原则，以生态为主题，在具体规划中践行资源节约、环境友好、出行距离安全合理等理念，体现了生态交通建设的内涵及宗旨，并逐步实现交通建设从理论到现实的推进。

承德将来的发展之路是走国际化的生态新型城市，这就需要承德在交通方面要大力改进与完善。针对承德在目前生态城市建设中存在的现实问题与所面临的挑战，承德需要积极探索，以一种务实、创新的方案去解决目前面临的交通系统问题。据悉，承德新的规划工作已经开启，并与城市整体发展相吻合。同时承德将来的城市规划要紧紧围绕“京津冀水资源涵养功能区、国家绿色发展试验区、环首都扶贫攻坚示范区、国际旅游城市”这一整体战略目标。随着市中心城区建设规划范围增大，新的规划中形成了“五区三带”的城市格局，所以交通在这一格局规划中起着着眼全局的作用。据承德市交通运输局方面透露，承德已经制定了自身的交通一体化发展规划，其中包含的项目多，投资也较大，这些足以显示承德在城市交通规划中的力度与决心。在未来几年的发展中，承德注重加强高速公路建设，打通内外联系的主通道，实现承德各县之间、园区之间、重要旅游景区之间高速相连，实现环京津县与京津之间的1小时交通圈。而在铁路建设方面，之前一直没能动工的京沈高铁河北段，也借着京津冀交通一体化的机遇，于2014年3月正式动工，并计划在2019年通车。该工程的实施将大大缩短承德和北京之间的距离，这对于加强承德和周边城市的联系，引进旅游资源以及促进自身资源的开发和利用，将起到非常重要的作用。从实际出发，针对目前承德所面临的现状，交通问题的解决与未来交通的规划除了依赖于大项目和大工程的实施外，更为精细的城市管理思维也是十分必要的。承德要在目前面临的交通问题和城市发展的机遇中，通过不断地对具体交通建设方案的研究和分析，积极探索新交通规划内容的可行性，这是承德目前交通规划中的一种首要的、最具实效的创新。

当然，承德交通建设中面临的主要问题是资金与土地问题，这也是其他众多城市都面临的且不可回避的问题。另外，就单一的资金问题而言，交通作为基本的基础设施建设，根本的解决之路需要上级政府财政支持，也离不开本级政府大力筹措，包括正在放开的地方市政债权融资，还可以申请国家对交通基础设施的支持。而目前流行一种做法：利用PPP融资方式，即政府和民间（或外资）共同出资建设和经营。承德可以凭借其以避暑山庄为核心的丰富的旅游资源，应用PPP融资方式来提高融资能力，从而缓解所面临的资金问题。另外，交通的规划与一系列措施的实施并不仅仅是政府部门的事，更需要社会普通大众共同面对和参与。就承德目前的交通现状来说，私家车承担了较少部分的交通运营量，但却占用了较大的道路资源，致使城市整体交通拥挤甚至瘫痪。这就需要在今后的交通规划中，首先要遵循“便民惠民”的基本原则，通过调查问卷了解市民真实需求，最大限度地方便市民的生活；其次要通过宣传鼓励城市中每一位百姓参与其中，市民乘客要遵守交规法律，严于自律，候车上车要谦虚礼让，还要在此基础上要懂得他律，对于违规、超速等现象，市民之间应相互监督、相互提醒，形成一种合理的交通氛围，这是承德交通规划最基本也是最急需解决的问题。

总之，“生态交通要求从观念上、技术上、政策上协调居民出行需求，道路设施供应，城市环境质量与城市经济发展之间的关系，最终形成一种能满足城市居民的出行需求、对环境影响副作用最小、交通系统弹性最大的以人为本的城市交通系统”。[①] 而无论是LED显示屏的投入使用，还是自行车道的规划、轻轨的建设、潮汐车道的试行、天桥的修筑，其并非是对生态交通理念一一对应的体现，而是多种内涵的综合，是集安全、经济、文化、景观、健康等内涵于一体的承德未来交通规划的内容，也是承德生态建设中的重要目标。

总之，交通是城市发展的重要基础，更是生态城市建设的重要支撑，承德未来的城市发展离不开良好的交通支撑，因此，加强承德的交通建设，无论是对承德政治、经济、文化发展，还是对于京津冀区域经济发展，都具有重要的作用和意义。

① 马荣国、杨立波：《可持续发展的城市交通规划》，《西安公路交通大学学报》2000年第4期。

第二章　承德河道的生态规划

第一节　承德河道现状与城市化进程

一、承德河道现状分析

近年来，随着城市化进程的发展，建设生态城市越来越成为大多数城市追求发展的重要目标。河道作为城市建设的重要组成部分，既是城市的自然景观，也是基于自然之上的人文建设，更是连接自然景观与人文建设之间的脉络。一般意义上而言，城市河道并不单一指城市江、河、湖泊，还包括暗渠、溪流、湿地、水塘、水库等。一个城市的河道建设，是生态城市建设的重要体现，既担负着排洪防旱的功能，又是城市环境中不可缺少的公共资源。

承德的河道建设主要体现在其丰富的自然景观资源和深厚的人文景观资源的结合。然而，近年来随着城市化进程的加速，城市河道在生态城市建设中的缺陷与不足也日益显露，能客观全面地分析城市的河道所面临的问题，对于今后城市在河道治理与规划上具有不可估量的作用，同时也是进行生态城市建设不可缺少的环节。本章将结合承德目前的河道建设情况，探讨河道主要存在的问题，并运用生态学的理念对其进行规划与治理。

1. 承德河道分布情况

城市的生态性并不单纯凸显城市的自然属性，而是将自然属性与人文属性相融合，从而为人类提供一个更加宜居的生活环境。客观地说，中国的水资源呈“南多北少，东多西少”的分布格局。因此，作为一座北方城市，承德相对充足的水资源是很多北方城市所不具有的优势条件。然而，水资源在城市建设中并不单纯作为自然景观而存在，而是在自然基础上的人文改造，即重点发展城市的河道建设。承德的水资源比较丰富，主要有辽河、滦河、潮河、大凌河四大水系，是京津唐地区的重要供水源地。就全省而言，承德水资源总量位居前列，但承德市水资源在资源补给分配和空间分布上又极不均匀。加之近年来生活污水污染和城市工业废水的排放比较严重，又常逢干旱年景，所以城市水资源缺口很大。而河道在承德的水系统中主要以武烈河为主，并包括城市建设中所挖掘的河流、渠道、水库、溪流等。与江南水乡的河道格局相比，承德的河道体系主要体现为以武烈河为主的河道流域，其河道分布显得相对集中而略显单一。承德的城市建设、市区格局也是主要沿武烈河分布而形成狭长的城市格局。武烈河作为承德的母亲河，是城市的主要河道，在承德的环境绿化、水生态系统的完善以及河岸带的建设方面都具有至关重要的作用。然而，随着城市发展规模的壮大，城市人口的增加，城市水资源及其环境承载能力也随之面临严峻的考验。一个城市的水资源所具有的承载力是确保该城市整体河流流域和区域城市综合发展规模的重要基础，而对于承德来说，只有保证市区以武烈河为主的城市水资源承载能力与承德经济和文化产业布局的统一，才能够保障生态承德建设系统的可持续发展。

当然，从城市整体看，承德市区的河道除了以武烈河为主的主干河道外，还有众多河道分支，但这些河道分布多呈现散点状。这种散点式分布，既不利于统一调度管理，也不利于统一规划。承德市目前的河道规划略显单一，缺少一种图景规划的现状在一定意义上打乱了城市的整体规划，从而也增加了后期现实改革的难度。

承德城市景观局部图

2. 承德多数河道干枯且水污染严重

城市化是当今城市发展的必经之路，然而城市化在促进城市发展的同时，也带来了一系列的生态环境问题，包括水资源问题、资源短缺、生态破坏、环境污染等问题。而水资源的缺少更是众多问题的首要体现，其巨大的水资源需求和潜在的水环境污染，已成为城市化过程中最为严重的客观束缚。我国是一个干旱缺水较为严重的国家，“淡水资源总量为28000亿m^3，占全球水资源的6.96%，仅次于巴西、俄罗斯和加拿大，居世界第四位，但人均只有2200m^3，仅为世界平均水平的1/4，美国的1/5，在世界上名列121位，是全球13个人均水资源匮乏的国家之一。”① 但由于不同城市的水资源条件、水质状况、经济发展不同，城市缺水的具体原因也不尽相同，概括起来主要有5种类型：“资源型缺水，污染型缺水，工程型缺水，结构性缺水和混合型缺水”。②

承德位于河北省东北部，地势由西北向东南阶梯下降，因此气候南北差异较为明显，气象要素的立体分布，使其气候具有多样性。春旱少雨，夏无酷暑，秋愈凉爽，冬无严寒。其中承德旅游区（避暑山庄）属温带大陆性季风型山地气候，四季分明。结合承德的实际状况分析，可以确定承德的缺水主要体现为混合型缺水，即“城市的水资源短缺是由于资源总量不足、水质受到污染、供水设施落后或管理措施不力等原因导致的”。③

一个城市固有的水资源是其客观不可逆的存在，但人类的参与却是影响其综合能力的重要原因。人类通过建设护岸、堤防、沿河建筑、桥梁等人工建筑物，强烈改变了城市河流原本的自然面貌，这对于河流本身产生了许多影响，如岸边栖息地的消失、河流两岸生态环境的破坏以及部分河道裁弯取直后河流长度的减少等，这些都加剧了对河岸的侵蚀，致使两岸泥沙严重淤积、河流水质污染严重，从而导致河流生态功能的严重退化、渠道化，并造成了河流自然性和多样性的减少以及适宜性和美学价值的降低等。武烈河作为承德的母亲河，不仅是城市空气质量的净化源，而且还承担着城市生态系统弃物的还原与运输作业，并肩负着接纳城市排水系统排放的尾水（其尾水水质直接影响城市河湖水生态系统的环境质量），是整个城市环境的载体。然而随着城市化的进程，城市人口分布逐渐集中，生活生产污水的排水量也日益增大，这在一定程度上加大了武烈河的承载

① 方创琳、鲍超等著：《城市化过程与生态环境效应》，北京：科学出版社2008年版，第45页。
② 方创琳、鲍超等著：《城市化过程与生态环境效应》，北京：科学出版社2008年版，第46页。
③ 赵勇、裴源生、陈一鸣：《我国城市缺水研究》，《水科学发展》2006年第3期。

压力，严重破坏了河道的净化能力，从而使得武烈河的河道污染也日益严重，最终水质的严重污染直接影响了城市水生态系统的环境质量。再如承德市区彩虹桥路（市中心医院前面）的河道、二仙居桥旁的河道等，这些河道多数情况下干枯无水，且河道中垃圾堆积，而部分河道即便有水时，水体污染严重，尤其夏季水体黑臭现象十分突出，严重影响了城区环境。

冬日二仙居旁边河道

从承德目前河道现状来看，市区多数河道干枯，是一严重但客观存在的问题。无论是城市发展需求还是环境治理需要，承德的河道存在的问题都亟待解决。

3. 承德河道护岸结构不合理，河道功能减退

人类社会的进步自始至终都伴随着矛盾，城市化进程亦是如此。城市的发展与进步一方面促进人类生活生产水平的提高，另一方面也为人类的生活带来了压力。河道是城市建设的外在脉络，但由于城市河道周围的建筑在建设中一些违章设障、废料堆砌等因素，致使很多河道的天然形态遭到改变，造成河道流水不长，行洪受阻，阻碍了河道的正常功能。比如邻近大学城附近的阳光世纪城周边的河道，近年来由于建房、修路等建设活动，使得很多建设废弃物、生产生活垃圾任意填埋在河道中，严重侵占水面面积，致使许多河道缩窄变浅，从而减少了河道的调蓄容量与能力。另外，在以往的河道建设中，往往忽略河道护岸的建设，多考虑的是河流的防洪、冲刷以及保持水土的能力，因而，承德多数河道两边的护岸多采用浆砌或干砌块石、混凝土、预制混凝土等建设的护岸架构。这种

护岸固然坚固，但这种单一呆板的护岸结构与目前生态城市建设所追求的功能性与审美性相结合的原则严重不符合，且环保措施也做得并不到位，每年冬季此河道都会干枯、水体污染严重，整个河道呈死水状态，严重影响了河道的整体功能。另外，承德的河道建设中缺乏审美意蕴，这也在一定意义上影响了承德作为旅游生态城市所具有的审美性。

阳光四季城周围的河道

二、承德河道规划在城市化进程中的作用

对承德市来说，生态是最大的优势和资本，是承德未来发展的核心竞争力，是打生态牌的城市特色，也是实现承德市“绿色崛起”的必然选择。一个城市的河道建设在一定意义体现着这座城市的生态性，重视城市化与水资源相互作用，对于城市可持续发展有着重要的意义。水对于生态城市的建设，最直观地体现在其河道规划上，从水资源所具有的自然属性与社会属性的功能来看，河道在城市建设中的作用主要可归纳为两类：一是确保城市生态平衡，二是促进城市化进程。河道是城市景观的重要组成部分，完善城市河道功能体系，可以直接提升城市的环境美（景观美）。

1. 承德的河道规划是确保城市生态平衡的重要内容

城市是人口密度较为集中、经济较发达、自然资源相对短缺、生态环境比较脆弱的区域，“城市范围小，不是完整的流域系统，自然水资源数量少，可利用程度低，主要依靠辖区外的客水支持，是一个与辖区外有密切联系和交换的非闭合的开放系统。”[①]城市地区（包括城市规划区和近郊区）用水高度集中，污染排放也集中。其水生态的社会消费主要表现在居民生活用水、工业生产用水、城市市政综合用水等方面。这些生产生活活动所消耗的不仅仅是水域中的“营养成分”，[②]更重要的是对水量的占用。因而，对于一个城市而言，城市发展的第一推动力是资源和交通，而制约城市发展的第一约束力则是该城市的水资源状况。

河道之于生态城市建设的重要性主要体现在其作为自然资源本身所具有的特性，一方面，“水”所具有的自然属性本身在城市生态塑造中就具有很强的优势，同时又具有净化城市空气、美化环境、调节局部小气候的作用。城市的生态水系环境的健康合理规划，对于保证城市供水、美化城市环境、促进城市生态可持续发展有着至关重要的作用。另一方面，“水”在城市建设中主要以城市的河道规划为外显，河道是城市的脉络，既起到连接城市各个景观的作用，又对于城市整体的生态性的改善与促进至关重要。

2. 承德河道规划是完善城市河道功能体系的重要环节

多数城市的形成都是从一些滨河而居的村落发展而来的。但是，伴随着人类社会的进步，穿越城市的河流多数时候已经不再扮演资源和物流通道的作用了（比如，扬州段大运河的航运功能已逐渐减退），其角色转变为似乎更能体现现代人类社会的世态炎凉[③]。由于河流在各个城市中所处的地位和功能不同，城市的管理者会赋予这些河流以不同的待遇。对于城市的主干水系，由于其深厚的人文景观和自然风光会在城市的商业、文化、休闲等城市基础建设中作用非凡，比如哈尔滨的松花江、武汉的长江、上海的黄浦江等。而从承德来看，充当这一角色的河流就是武烈河。但由于承德近年来的一些城建建筑占地、工业用水排水、居民生活垃圾污水的排放等情况，严重影响了武烈河作为城市的生态走廊的城市印象，而使其沦为承德垃圾和污水河。市区内更有个别小河道被城市用地填埋，永久地结束了自己的生态使命。从承德的实际出发，城市在建设中由于经济和水利安全方面的考虑，承德河流的主要功能体现在行洪、排洪方面，而忽略了河流在城市生态景观建设中的重要性。武烈河及其周围绿地功能单一、薄弱是武烈河乃至承德市区别的河道所共存的问题。而作为城市起源的主要依据之一，武烈河

---

① 方创琳、鲍超等著：《城市化过程与生态环境效应》，北京：科学出版社 2008 年版，第 50 页。

② 王超、陈卫主编：《城市河湖水生态与水环境》，北京：中国建筑工业出版社 2010 年版，第 3 页。

③ 韩毅：《滨河带状绿地景观规划设计探索》，《景观中国》2006 年 12 月 24 日。

及其周围河道对于承德的未来建设意义重大，而河流又在一定意义上影响着城市的文化底蕴、人文内涵，正是这些造就了承德以避暑山庄为基础的热河文化、清朝文化以及传统的贵族文化等方面的特性。

3. 承德的河道规划是加快承德城市化进程的基础设施

在众多促进城市化进程的因素中，城市水资源的合理利用与否至关重要。历史上因水枯竭而导致城市被沙化直至消失的例子数不胜数。水资源对于城市发展主要有两个力的作用，一个是驱动力，另一个是制动力。城市水资源的合理利用在总体上掌控着城市未来的发展命脉，同时也是其对于生态城市发展的重要驱动力。在整体上合理规划城市建设，结合城市水资源的分布合理规划城市河道建设，对于城市建设至关重要。而城市缺水或者水资源利用不合理，则会在很大层面上制约和影响城市建设，这即是其制动力的体现。可见，水资源在城市化进程中的作用至关重要。

由于城市人类活动与水密切相关，城市人群及其与水相关的活动也属于城市河湖水生态系统涵盖的内容，即与城市水循环有关的城市水体系统包含在城市河湖水生态系统之中。承德的水体系统主要体现在以武烈河为主的生态河道规划上。

武烈河作为承德的母亲河，不仅是城市物质和能量的主要来源，而且还承担着城市生态系统弃物的还原与运输作业，既能保持自身的完整性，还能提供合乎自然和人类需求的生态服务，是整个城市环境的载体。健康的河道系统对于城市生态城市化的建设主要体现在其水体系统的完整性、流动性，并具有一定的调控能力。它能在人力作用下持续健康地发展，从而能发挥水系统正常所具有的生态功能、自然景观功能以及旅游休闲等功能。同时，随着城市建设步伐的日益加快，城市化进程既是城市发展的必然趋势，也是其生态建设的必然要求，人类对城市的需求并不仅仅局限在经济发展方面，而更多地体现了人类对自然的一种心灵寄托，即，在城市中寻求一种心灵的归宿感，这就需要在城市建设发展中，注重人与自然的和谐统一。承德作为山水资源相对丰富的北方城市，其“山水”的内涵主要指“城市与大自然的结合，山水泛指大自然环境，城市泛指人工环境，山、水、城市3个要素是可以也应该是相得益彰的。”① 承德四面环山，武烈河穿城而过，形成山水相映的城市格局，沿武烈河行走，会给人以移步换景的感觉，而且在承德风景区内，登棒槌山可以鸟瞰承德市容。同时，作为清朝政府的行宫，承德又是一历史文化

① 王浩：《生态园林城市规划》，北京：中国林业出版社2008年版，第25页。

底蕴深厚的城市，这些有利的自然环境与人文历史，既是承德的独特所有，也是承德自然与人类相互作用的体现，都是生态承德建设所包含的内容。所以，承德的城市发展规划要符合生态理念，根据武烈河及其周边河道的实际情况，即河道的地形特征、地貌特点、河道的宽度等情况来进行设计，合理利用有利的自然资源、文化资源所具有的优势，促进承德的城市化进程。

第二节　山水相合：生态承德的河道治理与规划

任何城市的发展都离不开其本身所具有的自然、地理、人文、环境等因素，而这些因素在城市建设中往往都以景观的形式而呈现。承德的生态城市建设中所蕴含的生态美学思想首先主要体现在城市环境的自然美方面。钱学森教授曾提倡将“山水城市”作为城市发展的一种重要模式。承德城市山水特征十分明显，具有优越的自然生态环境，境内有滦河、潮河、辽河、大凌河四大水系，林地、草地面积广博，森林覆盖率较高。这些特征都明显地体现了钱学森先生所提倡的“山水城市”的内涵。承德四周多山，市区内地形狭长，武烈河沿两岸的群山婉转穿行整个城市，使得整个城市呈明显的山水相映的城市格局，行走在城市中，颇有移步换景的生态美感。

承德市区内风景区较为集中，且多居城市高地，登高便能够俯览城市全景，承德这些得天独厚的自然环境优势，在打造承德国际旅游城市上都有着重要的意义。而承德的生态河道建设主要分为两部分，一是河道规划的内容，二是在原有河道基础上的治理。

一 、目前承德河道治理的内容

河流是人类活动与自然相互作用的重要场所，具有社会经济与自然属性的双重性。近年来，随着城市化进程的加速，人类对自然的过度开发与利用，使得河流生态系统的破坏日益严重，尤其是城市的河湖系统。因此，城市河道治理的必要性越发明显。承德市区的整体布局主要以武烈河为轴线，呈现沿河分布的城市格局，故而武烈河在其城市建设中的地位不可忽视。

武烈河河长约 114 公里，流域涉及围场、隆化、承德三县和承德市双桥区，流域总面积约 2580 平方公里。河流总体呈南北走向，局部蜿蜒曲折，既是贯穿承德市区的防汛排涝河道，也是连接新旧城区的重要生态景观长廊。沿线绿地面积数万公顷，亮化景观近数十公里，沿河以热河文化、避暑山庄文化、满清文化为主题的一系列文化景观，既展现了人水和谐的场景，又突出了人与自然相融合的滨水城市风貌。而随着城市化进程的加快，生态承德建设对城市河道功能建设提出了更高的要求：一是加强城市重点河道的防洪排涝能力；二是进一步改善居民生活环境，满足城市居民生活水平日益提高的民生诉求；三是按照“十八大”关于“五位一体”的总体布局，突出生态文明建设在城市建设中的重要地位，并融入经济、政治、文化、社会建设各个方面和全部过程中，尽力让承德的天更蓝、水更清、岸更绿，力争使承德市的生态文明建设走在全省前列。因此，承德的河道建设应该主要以武烈河为主，兼顾其他河渠、暗流等次要河道的规划与治理。结合承德目前河道所面临的问题和现状，承德的河道应主要从以下几个方面开展整治与建设。

1. 清淤截污，提高河道的排污能力

武烈河贯穿城市全局，故而清淤工程为市政重点工程，治理范围主要集中在武烈河流经的承德市区的中心地段。由于这些地段沿河分布着居民区和部分市政单位，他们日常生活用水长年累月排入河道，不仅污染了水质而且造成河床严重淤积，导致武烈河的淤积，这种现象既破坏了水生态环境，又削弱了武烈河的河道行洪能力。故武烈河清淤工程势在必行，具体可以分为河道清淤与生态河堤护砌两大部分。

在河道的治理中，清淤和筑坝是两种通用的河道治理方式。在具体的治理中，既要清理出河道内的淤泥，同时还要合理地使用这些淤泥，比如，可以将这些淤泥全部用于填筑河道两岸坝体，规范整理岸坡及堤顶断面，并为栽植各类固岸植物预留空间，在确保堤坝防洪安全功能的同时，尽量把河堤改造成水、土壤与生物三者之间相互涵养、相互依存的良性循环状态，从而提升河流的自然净化能力。

同时，为确保河道两岸堤坡稳固，建生态河道，打造承德绿色水源涵养带，可以挑选沙棘、杨树、松树作为主要护岸植物，使河道两岸植被繁盛。随着植被生长，几年内河道两岸将看不到裸露的土地。另外，还要注意经常对河道进行封闭，有效避免行人、牲畜以及各类垃圾进入河道，全面提升河道的净化功能和自然修复能力，从而实现绿化美化、固定岸坡、提高水源涵养能力、提高防洪能力的效果。

近年来，在承德市政的支持下，武烈河河道的治理取得了很大的成效。比如，对于滦河干流双滦区－乌龙矶段、武烈河右岸正阳酒店－安远庙大桥段、右岸安远庙大桥－医学院老桥段、左岸新医学院－双峰寺大桥段的治理，都是承德河道治理的主要部分。同时，城市河道橡胶坝的修筑也渐成规模，并得到政府财政的大力支持。

另外，结合承德实际情况，疏浚河道、砌石护岸，并对已经遭到破坏的生态进行修复。对河道进行治理后，可以相对提高河底高度，两岸生态河堤也将随之提升。为全面治理承德河道目前污染严重的现象，还可以将居民生活排污水排放口全部封堵，通过截污管网将污水送入污水处理厂而非流入常规河流中。在加快城市生态化建设过程中，承德始终坚持抵制资源浪费、污染环境等项目的开发与引进。为促进承德生态城市的建设，“禁止各类水污染项目800多个，关停企业324家。2011年城区空气质量达到Ⅱ级和好于Ⅱ级天数为349天，Ⅰ级天数达到182天，综合污染指数较上一年同期降低1.9%；断面水质达标率84.6%，居全省首位；饮用水水源水质达标率继续保持100%；声环境质量保持河北省最优。”① 承德的这些工程项目与具体措施并举，为承德城市的后续建设奠定了基础。

2. 三河相通，促进河道水循环

城市的水环境建设是城市观光旅游业、房地产业等行业不断升温的重要参照。承德市对武烈河、避暑山庄内水资源以及滦河的开发，已成为拉动承德整体城区发展的助推器，并逐渐成为承德城市经济发展和吸引外资项目的重要“磁场”。

承德市区小河道较多，水系也颇复杂，其中滦河、大凌河、武烈河是具有代表性的骨干河流。在河道治理中可以合理规划河道，并将三河贯通，从而实现水体流动互补，提高水资源高效利用，并进一步使水环境明显改善。

城市的河道是人类与自然相互作用的重要场所，具有生态与社会双重属性。但近年来，由于人类过度地开发和利用，导致河流生态系统退化日益严重，河道中闸坝、堤防的修筑严重阻碍了河流纵向及侧向的连通性，从而在一定意义上影响了河流天然的径流规律。结合承德城市河流的现状，为保障武烈河防洪泄洪便利，在治理淤泥基础上，武烈河新建了橡胶坝项目。目前，全市共建成橡胶坝78座，形成水面1194万平方米，有效保障了城市供水和生态用水，广大市民充分享受到“碧水、蓝天、绿地”的绿色情怀。在橡胶坝的成功运用下，可以提高水资源高效利用，横穿市区的武烈河段水质也得到显著提升，水的循环流动得以实现，会进一步消除城市黑臭河道。“问君哪得清如许，为有源头活水来”，治

---

① 《承德：突出山水园林特色 建设生态文明模范城市》，《河北日报》2012年04月05日。

理武烈河河道，要做到从源头治理，长效管护、涵水净源，并使得三河相通，从而使水体真正流动起来，达到“不出城郭而获山水之怡，身居闹市而有林泉之致”。

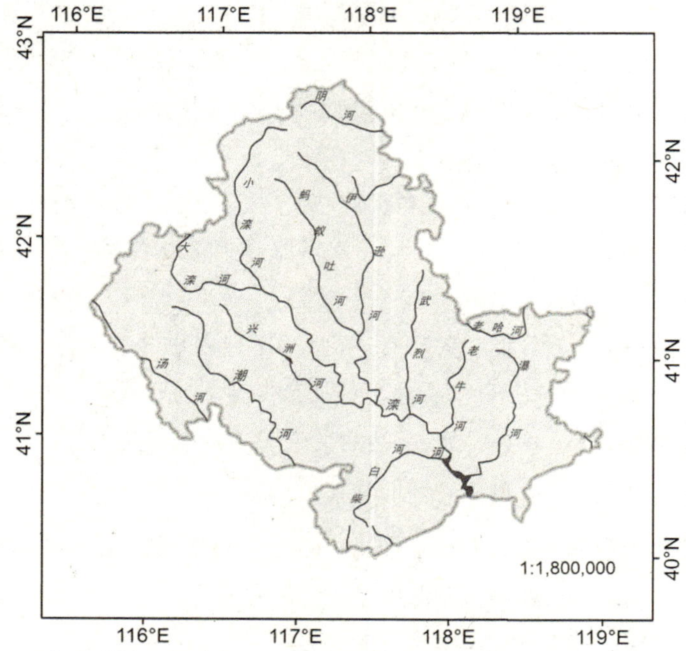

承德河流图

当然，橡胶坝的修筑由于其良好的操纵性和稳定性，能使操作人员通过控制橡胶坝来实现水库或河道的充水、放水，这对于城市河道自然规划和控制十分有利，这也正是武烈河河道规划中必不可少的一个环节。然而，“橡胶坝通常采用高分子合成材料等制成，虽然稳定性和强度、塑性以及防腐蚀能力都十分好，然而长期处于水流的冲刷下难免出现老化和磨损，如果在橡胶坝的运行管理中，不及时维护和管理橡胶坝，必然影响橡胶坝的使用性能以及使用寿命。”① 因此，橡胶坝的建设要有，但合理有效地利用其功能也需要引起重视。在具体运用橡胶坝的过程中，要及时排除可能造成橡胶坝磨损或损坏的因素，例如，严格监控橡胶坝体的坝袋压力，尽量减少混凝土和坝体之间的摩擦（长期运行在混凝土和坝体之间如果有摩擦现象，久而久之，必然会导致橡胶坝体的破损）等，科学有效地利用和管理橡胶坝，能提高橡胶坝的安全性能和稳定性能，更能够有效延长橡

① 祝华威、李季：《橡胶坝运行管理的有效方法探讨》，《中国高新技术企业》2013 年 33 期。

胶坝的使用寿命，从而能提高其为河道服务的能力。近年来，随着承德市对城市河道建设的日益重视，生态环境也逐渐随之好转。为进一步提高城市主体河道武烈河抵御洪灾的能力，承德市修建橡胶坝，形成了全国最大的橡胶坝群，水面积达到数百万平方米，高度提升了武烈河市区段的防洪标准。可见，结合承德河道的实际情况，在以武烈河为主的河道治理中，既要充分重视武烈河本身所具有的自然属性，又要结合其实际情况对其进行一系列的人文改造，从而使武烈河既成为一条水清岸秀的景观河，又成为一条不失绵长韵味的文化河，更成为市民倍感亲切的母亲河。这条生态长廊的建成也将会使承德更富有生机和活力。

武烈河橡胶坝

3. 长效管理，增强全民参与性

虽然近年来国内外逐渐重视城市生态河道建设，并相继提出了“园林城市”、“山水城市”、“绿色城市”以及“生态城市”等理念，并在实际的城市建设中逐步实施，但是基于“人与自然”和谐统一理念指导下的建设模式尚未形成，城市水生态系统建设的理论研究和技术开发严重不足，目前生态建设的方法还远不能遏止水生态系统退化的趋势。这就需要在生态建设的实际操作中，充分利用和发挥“人”的主观能动性，积极鼓励和调动人在河道规划中的作用是城市具体建设中最基本的思路。

随着城市化进程步伐的加快，人们越来越注重“生态”这一关键词在城市建设中所蕴含的内涵，而不论是以“英国牧师、博物学家吉尔伯特·怀特为代表的对待自然采取‘阿卡狄亚式态度’的田园式浪漫主义传统；还是以瑞典博物学家卡尔·冯·林奈为代表的帝国式生态学思想传统（前者以生命为中心，后者以人类为中心）”,[①]都提出城市建设中“生态与人”之间的关系。而关注生态的发展即是对人类生活最本质的关注。因此，在城市河道规划综合治理上要以生态为核心，走“安全治理”的路子，要遵循既要满足河道防洪抗旱能力的要求，又要结合河流的自然属性，提升河流的综合生态功能，使河床变深，河水变清，两岸变绿，达到人水和谐共生，从而形成颇具生态魅力的河道环境，使河流环境和城市环境变得更为和谐、舒适。

因此，承德未来的城市建设和生态河道规划要走“生态”之路，就需要突显城市建设中的“生态性”，因为，“生态有宜人的也有不宜人的，因为生态并非为人而存在。然而生态美必然是宜人的。”[②] 著名学者柏林特较早便对城市建设中的景观美进行了研究，他呼吁要建立人性化的城市，在城市整体规划中要注意人的主观能动性，并在治理中强调全民参与等政策。

当然，城市的河道并不是独立存在的，而是与城市的居民区、生活区、工业区等相辅相成的，因此，在承德的河道建设中，除了单纯的河道规划之外，还应突出城市的公共空间的修建与完善，主要包括城市的步行街、广场、居民小区环境、城市街头绿化带以及城市滨河滨湖地带等。这就是需要在整体的城市生态系统中，加强城市绿色空间的建设并注重其与城市人口密度之间的适度融合。同时，在具体的城市建设中，还应该考虑从城市居民的物质、娱乐休闲、空气质量等方面来寻求和开发城市的绿色空间。承德作为以旅游开发为发展前景的城市，其所具有的旅游资源丰富：以避暑山庄及外八庙为主的历史文化建筑，突出了承德历史人文景观之美；以磬锤峰和武烈河为主的自然山水文化，突出了承德的自然景观之美；以武烈河沿岸的高楼大厦为主的现代化建设，突出了承德的宜居之美；而市区中心所见的康熙大帝雕像、古旧牌楼等建筑物、武烈河沿岸的公共娱乐休闲设施建设以及城市内各种绿色廊道的设置等，在为居民提供游憩、文化、旅游指导、锻炼等功能的同时，也为提高环境综合质量和保持生物多样性方面做出了重大贡献。

目前，武烈河滨河道路步行和自行车交通改善工程已经基本完工，区域范围及规模包括了武烈河（乾阳步行桥至偏岭大桥段）两岸滨河道路区域，区域面积2.13平方公里，包含道路全长19公里（其中跨河大桥6座，跨河步行桥2座）。同时，根据相关专项规划，承德市将打造示范区内步行和自行车交通道路网络，结合

① 周膺、吴晶著：《生态城市美学》，杭州：浙江大学出版社2009年版，第27页。

② 党圣元、刘瑞弘选编：《生态批评与生态美学》，北京：中国社会科学出版社2011年版，第128页。

滨河景观带的绿廊、绿道，组织设计并完善既相互联系又彼此独立的步行、自行车专用路径以及自行车停放等配套设施，进而多层面地丰富和完善生态城市建设与需求，并在一定意义上凸显生态建设中“人与生态相和谐”的主旨。

另外，人类是社会生活的主要群体，任何城市的发展都离不开人的作用。城市的河湖生态系统受其他系统的制约较大，比如，城市内陆气候、城市河岸周边的植被等，但人的作用与影响是城市河道规划中成本最小且最具可行性的方案。承德市区的河道规划，就管理而言，也存在着一些问题，比如管理政策与具体实践之间的不协调，管理权限分工模糊，比如市区河道周边的管理权限多集中在市政、园林、城管等多个管理部门，出现河道管理与执法部门职能之间的重叠与交叉，致使城市各部门之间以及部门与市民之间在思想上、目标上、行动上难以形成合力，单凭职能部门管理往往心有余而力不足。因此，在治理的过程中除了一些实际行动之外，还需按照市场化理念，建立长效管理机制。建立河道长效管理机制要打破条块分割，打造一个能长期运行并发挥预期功能的管理体系，并在此过程中做好宣传、引导、协调工作，统一思想，形成合力。市区河道的治理与规划依靠城市管理的水平，更依赖市民的支持和参与，以及对公共环境和公共设施的自觉维护。通过宣传、教育等方式，提高市民的生态危机意识，增强生态资源管理观念，转变消费行为模式，崇尚科学合理的消费方式，要让市民充分认识到“我们只有一个地球”的生态理念，学会尊重自然生态环境，在实践中做好资源配置工作，并处理好人类与自然之间的关系。同时还需要意识到，城市的河道建设与管理并不仅仅是城市政府部门的事，更是一项需要全社会成员共同参与的公共事务，因而城市的领导者和管理者以及广大市民都要转变观念，形成社会全民共同参与机制。

二、承德未来河道规划

根据承德所具有的独特优势，并结合未来承德的发展规划，对承德的河道规划可以从城市生态河道建设与城市滨水区规划两个方面进行。

1. 城市生态河道建设

城市的河道是城市生活与城市各自然要素之间的相互作用的外在表现，是以“水”为中心的城市自然景观与人文景观的综合，“河流廊道作为一个整体不仅发挥着重要的生态功能如栖息地、通道、过滤、屏障、源和汇作用等”,[①] 而且

① 邬建国:《景观生态学》，北京：高等教育出版社2000年版，第30～31页。

在接纳雨水与防洪排涝、水资源开发利用与城市供水、水量与水域纳污、水资源配置与生态用水、污染源排放与水环境保护、水污染与水体修复、水景观与人水相亲、水面积与人居舒适度、人文历史与水文化、水经济与社会进步等方面都发挥着非常重要的作用。但是，因为城市化进程与人类活动的综合影响和作用，城市河流的生态功能逐渐减弱，并反过来影响着城市化进程和人类生活。鉴于城市河湖水系统与城市的生存和发展息息相关的关系，承德的河道规划可以从以下几方面进行。

首先，宏观把握，完善河道功能性。承德单一的河道系统所导致承德生态建设中面临的首要问题就是河道的承载力与日益增长的社会综合能力之间的失衡。这就需要从实际出发，将承德所有的河道进行分析研究，以“维护生态环境良性循环”为条件，对承德整体的水环境进行分区，并根据承德市水环境所具有的纳污能力，对其实施污染物总量控制；并且在了解武烈河及其他水系统的调节能力的基础上，对其制定保护计划和综合调控措施，从而协调城市经济、社会以及环境之间的关系；同时，在承德的建设中，还需要积极调整承德的经济发展模式，以适应承德的环境承载力与资源分配以及人口发展之间的关系，并且要运用现代科学管理方法及手段来提高水资源的承载能力和城市水环境承载力的指标体系。另外，在生态城市的河道建设中，承德还需按照实际情况对已有河道进行治理、修复和联通，或结合本地地势区位等因素开辟个别小河道，明确划分各种行业用水比例和用量，如生产用水、生活用水和生态用水等，促进人与自然和谐相处，完善城市河道建设的多样性，做到既满足城市经济发展的用水需要，又能保障城市河道水资源的循环利用，从而在一定意义上减缓武烈河的承载能力，并完善城市河道系统，维持承德河道流域水循环的可再生性。

就承德自身所具有的特点而言，城市的主要河道以武烈河为主，并辅以各种小的河道、沟渠、暗沟等，这些都是属于承德所特有的河道。由于承德的地形所限，武烈河河道建设在城市规划中重要性尤为突出。武烈河作为承德城市生态建设的主要水生态资源，其水生态系统结构的单一性以及对生活、生产等用水的低循环性，都使得这一水生态系统中的营养物质过剩，水量变化不稳定，水体环境恶化，从而在一定意义上造成武烈河水生态系统功能萎缩，甚至枯竭。而城市呈散状分布的其他河道多枯竭甚至污染严重，这些都严重影响了城市的生态环境。

因此，合理利用城市有限的水资源，合理规划城市河渠、下水道、滨河河道环境对于生态城市的建设至关重要。在具体的河道规划中，在合理规划武烈河河道的基础上，兼顾周围小河道的建设与开发（比如沟通武烈河与其他河流的河道，清理二仙居桥两侧的河道，引用活水等），在一定程度上缓解武烈河在水循环、水净化等生态功能方面的能力，从而促进生态完善，确保生态平衡。

其次，加强河道岸区生态防护带建设。一个城市的河道建设为保障城市居民生产、生活用水，丰富城市景观建设提供了一定的基础。因此，承德的河道规划首先要从其作为水体资源的本质出发来进行。武烈河的水流少弯而多直，因此在规划中充分利用河流的自然性状，多注意水流蜿蜒曲处的设计，以便能形成交替的浅滩和深潭，尽量保留武烈河靠山、河段大的深水潭以及河畔绿地，以确保河道的生态性。由于武烈河两侧滩地较少，占地面积狭窄，因此要重视水边的多样性，要在水域滩地之间建立过渡带，尽量不要固定河床，以便河流有一定的摆动幅度，同时要深入了解武烈河多年演变过程，并在此基础上进一步完善武烈河河道规划。

从目前武烈河的现状来看，武烈河的河道岸边多是以石料、水泥为主的护坡来规划的。这些护坡虽然有利于防洪，但由于这些护坡会使降水、流水冲刷地面，长远来看，便会使城市地表的营养物质（N、P）毫无遮挡地流入城市的河道中。这在一定意义上影响了河流的水质，造成了河道水体的富营养化。另外，这些护坡减少了湖泥的沉积作用，并使沿岸带底质较硬，严重阻碍水生植物的生长。鉴于此，武烈河今后的河道规划中，可以考虑修建河岸护堤，并在堤外种植 2 ~4 行防护林，堤内可以种植适合承德气候条件的、并且具有观赏价值的花卉（比如杜鹃、美人蕉）和草坪。这样的防护带与护堤既可以就地涵养水源，拦截部分降水，减缓径流，截留部分地表污水，同时还能够减少河水的富营养化，起到美化环境和增加城市绿地的功效，为城市的河道景观建设起到重要作用。

再次，注重水生植被与河畔林的恢复与建设。众所周知，河流水生植被对于稳固河道底泥，吸收河道底泥中的营养化物质，去除和沉降河道污染物，保持河道水质，净化河道水源，以及抑制水中蓝藻至关重要。

每年春夏，武烈河河面都会有蓝绿色湖靛出现，这些漂浮物随风流动便会在河岸边堆积，长而久之，河水不但会发出恶臭味，还会使得一些含毒素的蓝藻细胞在水体中漂游。当这些蓝藻与河水中一些悬浮物结合沉淀，或被水中所养殖的对象捕食后随其排泄物沉淀，并在河底富集堆积，对于无公害水产品生产带来了巨大的负面影响。而水生植被却有很强的抑藻功能，它能拦挡水中的蓝藻，也可以抑杀或者通过在水生植被区的大型浮游动物来捕食蓝藻，对于水质质量的提升至关重要。并且，这些水生植物本身就具有良好的经济价值，既可以起到增肥功效，还可以通过提取其植物蛋白来发酵制备沼气等。故而，武烈河的河道规划中要重视水生植被的重要性，尽力恢复已有的水生植被系统，进一步提升这一体系的完整性。比如，可以根据不同形态类型水生植物的净化能力及其特点，设计建造由“漂浮、浮叶、沉水植物及根际微生物等自称的人工复合生态系统”。[①] 在此，要结合武烈河的实际情况，选择一些既要适应当地气候、水质等的生存环境，又要对N、P等营养性污染物具有去除和沉淀能力的物种，同时还要考虑到这些物种用途的广泛性和较高的经济价值等特性。当然，这些水生植物的选择并非一成不变，承德四季相对比较分明，还应根据其季节、气候的变化来具体调整和规划河道植被的建设系统。

另外，在河道治理中还需注意地下水对水生植物的影响与作用。一般而言，大多数河流都有地下径流，这部分水体由于受到地下砂石的过滤，水流较为清澈，这种良好的水环境适合培养一定的水生物，因此，在武烈河的河道规划中，应将地下水径流作为生物的绿洲加以开发与利用。而且，河道建设中一定要注意河畔林的作用。河畔林的存在能形成树荫，并对水温有一定的影响，进而影响到水生物的生长。此外，还需注意的是河畔林的枝叶上常常生活着多种昆虫，它们偶尔落入水中，会成为鱼类的重要食物，秋天飘入水面的枯枝树叶沉入河底又会成为水生昆虫的筑巢材料和食粮，同时这些水生昆虫又是水中鱼类的重要食物，因此，在河道规划中河畔林是非常重要的保护对象，它对于形成多样化的河道生态环境意义重大。同时，在规划中还需要注意水体微生物的作用，这是一种分布广、繁殖快、种类多、生存能力极强的一大类生物，并对水中污染物有着很强的吸附与分解能力，因此，在武烈河的河道修复与规划中应当充分利用它们的这一特性，提高河道的自我修复能力。

最后，加强人文意识，贯彻生态理念。因为城市化进程的大力需求，致使多数城市在早期建设中只关注城市建设，而缺少了对城市中人文意识的重视。具体到河道建设方面而言，河道的设计往往只关注河道本身的一些特性，而很少去考虑河道与周边自然、生态与历史、人文环境之间的统一。这就造成了城市河道与周边环境不协调的格局，进而使得河道具有一种孤立的感觉。武烈河作为承德最具代表性的河流，本身具有调节城市小气候与影响城市格局的双重效应。但在具体规划中我们看到的往往是其仅有的作为河流的一种本质特性，而其社会特性并没有被展示出来。因此，在今后的规划中，首先要明确承德以武烈河为首的河道的生态理念：河道的存在并不仅仅是一种单纯的自然景观，而是要凸显人在自然

① 许秋瑾、李欣瑞、苏东波：《城市中小型湖泊河道生态治理的探讨》，《环境保护》2001年第6期，第19～20页。

景观中所具有的重要性，这些河道的治理、规划都要以便于人类生活为宗旨。所以，在保持承德水体生态性的前提下，应当加强人文意识的宣传。比如在河道不同阶段的两侧建有宣传栏，对于本段河道的建设、特色、作用以及其意义给予简单介绍，既能明确河道的具体作用，又能促进人们加强河道治理与规划的重要性的认识。同时，承德是一个文化底蕴深厚的城市，城中多处留有晚清时的建筑，有些已是残留，有些已复修，而这些建筑中又多与河道相连，比如在二仙居桥两侧的河道边上的狮子隧道就是其具有代表性的复修建筑，如若在治理好本段河道的水质的前提下，再在旁边建有宣传栏对此处水道进行解释，并附有复修前和复修后的照片作对比，既能增强城市的河道图景建设，又能使外来友人更全面地理解承德的文化底蕴。而且因为这些河道处于市中心人流量大的区域，对于整个市区环境、空气的影响也是非常有利的。

另外，水是河道建设中的核心内容。面对承德市河道的现状，必须继续加大对水环境保护力度，加强对生活、工业、农业水污染的治理，以及推进生物净化与生态修复等工程，实现生态与经济共赢的总体目标。同时，要大力保护其他饮用水源，筹建农村饮水安全工程，并重视对地下水的科学使用和合理开发及保护。总之，生态河道是生态城市建设的重要指标，是承德成为集居住、休闲、旅游于一体的城市基础建设，也是促进承德生态城市建设的首要出发点。承德历届市委、市政府一直以来都以环境持续改善为目标，以提高人民生活水平为出发点，从倡导治山治水开始，发展到人与自然和谐互动，呈现了全社会人人参与生态文明建设的新局面，这为生态城市的进一步发展奠定了基础。

2. 城市滨水区规划

城市滨水区是构成城市公共开放空间的重要组成部分，是生态城市建设中非常重要的自然风景和人工景观，其概念可以笼统地解释为“城市中陆域与水域相连的一定区域，一般包括同海、湖、江、河等水域濒临的陆地边缘地带”。[①] 而滨河的河道景观是城市滨河区规划的重要内容，是集生态、经济、社会和景观效益为一体的多功能生态体系，城市滨河河道的建设在城市绿地系统中，除发挥改善环境和防污防尘的作用外，还可以为市民提供一处赏心悦目的、有活力的生态绿化环境和休闲娱乐场所。

承德虽然作为一座北方城市，但却是一典型的“逐水而居，以水建城”的

① 王其钧：《城市景观设计》，北京：机械工业出版社2011年版，第211～212页。

城市。承德市区地形狭长，武烈河婉转穿行整个城市与两岸的群山形成极为优美的自然生态环境。承德的城市滨水区主要集中在武烈河两边的沿河区域。合理规划滨河区景观，既能充分利用城市外在水资源，又可以增强人与自然的可达性和亲密性，把人工建造的环境和当地的自然环境融为一体，对于美化城市环境，规整城市格局，便于周边居民散步休闲等方面，具有非常典型的现实意义。结合承德的实际情况，承德的滨河区规划可以结合生态城市建设所具有的审美性与功能性相统一的要求来进行以下规划：

首先，加强沿河生态景观的建设，突显河道的生态功能。随着城市建设对"生态"理念诉求的加强，河道在城市的作用亦趋多样化，除了传统的河道具有的排洪、防洪、接纳城市水资源以及影响格局等功能外，河道的生态功能越发要凸显出来。例如"缀块－廊道－基底模式"，这既"是景观生态学中重要的模式之一，也是生态型河道景观建设的基本模式"。[①] 城市河道的水生态系统与别的环境系统不同，其内部的空间单元缀块包括水塘、湿地、草地等内容，并且这些缀块的形状、大小、边界也都不一样。在城市河道景观中，河道的廊道结构（河流两岸的带状或者线状结构性的河岸护坡、河道绿化带等）是将水生态系统中的缀块联系起来的纽带，更是构成城市景观的重要内容。而又由于这些"缀块和廊道均置于分布广、连续性强的大背景基底中，如在河道区域水景观中，基底主要有城市用地、草地、森林等，为此，生态型河道的景观是缀块—廊道—基底模式构成的系统"。[②]这种模式就要求在承德的河道规划建设中，要充分重视承德目前河道所具有的现状，并在此基础上以生态美学为理论，注重完善城市河道的功能性、完整性，并进一步完善河道在城市生态、景观、人文建设中的整体作用。这对于塑造生态城市的形象、气质和韵味以及其文化方面具有非常重要的意义，既能促进河道本身的健康发展，也能完善城市河道多样化的功能，使河道充分体现其所具有的自然与人文属性。

可以说，城市的每一条河流都是城市的一条生态廊道。从城市景观来看，承德集以棒槌山、武烈河为主的山水自然景观和以避暑山庄及外八庙为主的人文景观的统一；而在河道建设中，武烈河又是其自然景观的核心，就景观属性而言，武烈河本身就具有很独特的自然风光，是城市旅游中不可或缺的一部分。因此，在承德的滨河区规划中要充分利用武烈河的这种自然特性，注重沿河自然景观与

---

① 王超、陈卫主编：《城市河湖水生态与水环境》，北京：中国建筑工业出版社2010年版，第96页。
② 王超、陈卫主编：《城市河湖水生态与水环境》，北京：中国建筑工业出版社2010年版，第96页。

人文景观的构建，合理规划花坛、草坪的占地区域，尽量栽种耐寒耐旱的植被，以完善河道生态系统，同时也要在沿河小游园中积极利用雕像、小型人文设施等来突出当地人文内涵，从而在一定意义上达到自然与人文的相结合。另外需要注意的是，作为一座旅游城市，承德的城市主干道上缺少景观画，这就需要在今后的规划中适当地增加一些景观地图，以便游客能很快地抓住自己的方位感，这也是承德在今后的城市规划中需要借鉴和改进的。同时，河道两岸的绿化建设还应与城市的整体发展定位、文化风格以及历史人文等要素相协调，并结合城市的市政建设和园林绿化建设等，进一步完善河岸两侧的绿化配套设施。

其次，注重沿河绿地的公共设施建设。任何城市的建设与发展都需要做到其功能性与审美性的统一，唯有功能性与审美性的统一，方才能达到宜居的目的。“城市建造的本质是栖居”,[①] 这是城市功能性最直观的体现。而具体到城市滨河区域的规划中，其功能性集中体现为沿河基础设施的建设能最大限度地为周边居民服务。武烈河两侧多居民区，因此滨河区的建设应充分考虑人类居住的适宜性。从城市内容来看，武烈河集承德的商业、文化、休闲于一体，是整个城市绿地系统中最显著的一部分；而从人生活本性而言，亲水性是人类与生俱来的特性，平时的一些休闲活动都集中在滨水绿地中。可见，提升滨河区域的功能性对周边居民生产生活有很大的帮助。因此，在规划滨河区时，除了注重生态景观审美性之外，还应注意突出其功能性建设，这就需要在沿河区域适当地增加一些体育基础设施，比如，乒乓球案、羽毛球场地以及一些健身器材等。另外，在武烈河适宜的河段可以采用多级台阶式设计，以增加市民的亲水空间，即在城市河道规划中应实施城市亲水战略，构建城区生态空间安全格局，激发水生态系统活力，逐步提高生态系统的健康水平，培育城市可持续发展能力，加强承德市武烈河安全、生态建设，从而提升城市形象，促进经济的持续发展。总之，河流沿岸绿色廊道的设置要具有广泛的融合性，在充分考虑维护城市河道水环境的多样性前提下，使河道水环境也丰富多彩。如构建自然生态河道，就需要尽力保持河流的原始自然特征，满足人们回归自然的心理需求；构建公园化河道，则需要让河道增添公园的灵气和活力，并让公园装扮城市的河道环境，使两者融会贯通，充分体现河道水环境的游玩性与休闲性。而广场化的河道建设，则注重河道与岸边广场的相互作用，喷泉与碧水相连，既方便人们交流、集会，又充分体现和谐的人与自然的统一性。这些规划与建设既为城市居民提供了游憩的便利，又在一定意义上丰富和完善了生态城市建设所追求的美学思

---

① 刘彦顺：《生态美学读本》，北京：北京大学出版社 2011 年版，第 126 页。

想，从而促进了城市审美性与功能性的统一。

再次，创建滨水交通。承德城市结构的特殊之处就在于城市沿武烈河分布而呈狭长状，而且在河岸两边都有山脉相伴，这就导致承德沿河交通并不宽广，加之河岸两边有居民区、工业区、行政区等分布，使得相对狭窄的交通更加显得拥挤。因此，适当地在沿河交通主干道边沿开辟自行车通道，既可以在一定意义上缓解交通压力，同时也可以减少由汽车尾气等带来的环境污染，从而起到节能环保的作用，而且自行车道的开辟还可以促进人们身体素质的提高。这对于生态城市规划而言，其意义颇为显著。

城市滨河区是城市河道建设最核心的部分，合理规划城市滨河区域的内容、功能对于生态城市建设意义重大。而在具体的规划中，要坚持以人为本的原则，通过城市沿河绿地各种功能的组织及高品质的公共空间的设置，保持城市绿地系统的发展活力；坚持生态和谐的规划理念，保证滨河区域建设的整体环境品质；注重城市各功能区域之间的联系，并注意滨河区域与其他区域之间在景观设置、交通规划、文化建设等方面的衔接；坚持合理利用土地资源，高效率地组织城市交通，充分挖掘提升承德滨河区的文化风貌，从而塑造高品质的生态城市空间与特色鲜明的滨河新区形象。总之，在河道建设中，承德要结合自身实际，因地制宜，在目前所具有的条件下，尽可能将河道建设融入城市园林的景观建设中，形成错落有致的河道、园林、山水相结合的城市景观。

作为京津地区重要的水源供应地和生态防护带，承德在生态城市建设和城市整体品位的提升中，需要结合承德特有的自然山水特征，突出自然在生态城市建设中的重要性，并辅以承德厚重的历史人文特色，以山水为骨，以人文为魂，做好山水人文的共同发展。同时，还要加快武烈河、滦河沿线的综合治理与开发，打造独特的“山、水、园、林”的河道内容，构建特色鲜明、布局精巧、秀美多姿的武烈河滨水景观带和滦河滨水景观带。

第三节　水：承德河道规划中的生态理念

城市的河道是城市经济发展的重要内容，而水是城市河道最直观的表现。因此，水的自然和人文特性造就了城市河道的自然与人文性。就承德而言，水资源对于承德城市建设的重要性主要体现在丰富的水资源，既是承德生态城市的自然骨架又是城市文化的表征。

一、承德河道规划中的自然生态表征

城市河道以水为基础，是集自然和人文为一体的城市内容。因此城市河道的自然表征主要体现为以水资源为主体的水的自然特性。水是万物之源，生态之基，是城市经济发展和城市建设的命脉，也是城市存在和发展的基础。城市化进程和生态环境都离不开水资源，它们对水资源的依赖性主要体现在："内陆河流域的生态系统具有流域独立性，每个流域的上、中、下游系于一脉，流域内生态系统的演替状况完全取决于水资源的状况；中下游出现的地下水位下降、水质恶变、自然植被衰退、林木大面积死亡、土地荒漠化和盐渍化、沙尘暴频发等生态退化现象，完全是由于中上游引水过量造成的；流域中上游地区的城市发展不可避免地要受到水资源的约束和限制。"① 可见，水作为城市发展的命脉，其重要性不仅仅体现在它是城市生态建设的主体，还体现在它承担着整个城市水环境的保护、河湖水域健康保障的重要职责。"水资源是人类文明的源泉，与人类的生存、发展和一切经济活动密切相关。由于水资源的可再生性，它亦是生态环境的有机组成和控制性因素。水资源形成与演化及开发和可持续利用不仅仅指水资源在人类的代际间公平分配，同时还指当代人群之间、流域的上中下游之间和跨流域之间水资源的合理分配，与区域社会经济、环境协调发展，并且也是水资源可再生性维持的最基本的科学问题。"② 人类社会最初的起源也是源于水的存在，逐水而居，聚居成市，然后才产生了现代意义上的城市。人类世界上 90% 以上的城市都是依水而建。因此可以说，水是城市赖以生存的基础。而随着工业化和城市化进程的加快，水更是城市发展的关键条件，水资源承载能力在一定意义上也决定着整个城市发展的规模和水平。

而城市河道作为水在生态城市建设中的重要体现，其自然特性生态表征即水在生态城市中的自然性。生态城市河道建设需要水主要是指，"维持城市自然生态系统合理的结构、高效的功能和顺畅的过程，以及生态系统健康所需要的一定水质标准下的水量，体现为城市自然生态系统一定的水分结构的水分生态位，并参与生态水文循环的全过程。"③ 某种意义上看，任何城市的兴起都是依河而建，

① 程国栋等：《西部地区生态环境建设的若干问题与政策建议》，《地理科学》2000 年第 6 期。

② 刘昌明、王红瑞：《浅析水资源与人口、经济和社会环境的关系》，《自然资源学报》2003 年第 5 期。

③ 王浩：《生态园林城市规划》，北京：中国林业出版社 2008 年版，第 95 页。

因此，河流系统是城市自然环境的主要构成部分。几乎所有的典型城市都是依水而建，尤其是在我国水资源较为充分的城市，城市河流水系的纵横交错构成了城市的自然骨架。而生态城市的河道建设在凸显其“生态性”的本质上，更是离不了水这一自然特征。

承德，虽然引人注目的是避暑山庄和“外八庙”之景，而作为自然景点的武烈河同样也有其独特迷人的风光。承德是一座狭长状的城市，城区沿武烈河南北分布，河流两岸青山对峙，中间最狭处相距不到 1 公里，最宽处也不过 1.5 公里。现在的武烈河大致沿河谷的东侧南流，绕过市区南端的半壁山，下注滦河。这种纯自然风光让武烈河独具魅力。《水经注》中有一段记载：“濡水（即滦河）又东南流，武烈水入焉。其水三川派合……东南列石挺下。挺在层峦之上，孤石云举，临崖危峻，可高百余初。牧守所经，命选练之士，弯张弧矢，无能届其崇标者。”这一段文字形象生动地概括了武烈河两岸的山川形势特征。另外，从地质成因来看，河流西岸裸露在外的山石由红色砾岩和砂页岩组成，质地软硬不一，垂直节理发育，是北方罕见的、发育十分完全的、典型的丹霞地貌区，经过漫长的地质演变，形成独特的地质地貌，映衬着武烈河沿岸的风光。

可见，承德本身所具有的这种独特的自然风光与城市发展离不开武烈河水资源的支撑。承德城市的整体结构凸显着水在城市建设中的重要性，而承德相对丰富的水资源又在承德建设中调节并影响着其生态性。

二、承德河道规划中的文化生态建构

水域孕育了城市和城市文化，成为城市发展的重要因素。人类自诞生之日起的每一步发展都与水息息相关，并在与水的相互作用中创造了丰富的人类文化，书写了人类文明发展的历史。联合国教科文组织指出：“水具有丰富的文化蕴涵和社会意义，把握文化与自然的关系是了解社会和生态系统的恢复性、创造性和适应性的必由之路。”世界上知名的城市大多伴随着一条名河而兴衰变化。一个完美的生态城市是其自然属性与人文属性的统一，这就需要在城市建设中注重城市景观所蕴含的文化内涵。在城市发展中，以水为基础的河道规划除了具有水自己本身的自然属性外，更多地体现在其丰富的文化内涵方面。承德是一文化底蕴颇深的城市，而其丰厚的文化底蕴与水息息相关，因此，承德河道规划中所体现的文化内蕴主要有以下三方面：

首先，水滋养了城市文化。城市文化是一个城市所具有的独特内涵，是自城市出现以后就存在的一种文化形态。承德的城市文化主要包括以避暑山庄及周围外八庙为主要内容的热河文化。

承德在历史上被称为“热河”，拥有世界上最短的河流。此河流热河名称来源自蒙语“哈伦郭勒”，意思是热的河流，据柯劭文著《清史稿》志二十九《热河》中记载：古武列水。西源固都尔呼河，自丰宁入，纳中源茅沟河即默沁河，东源赛音河，迳磬锤峰，合温泉。由于河流上中游有温泉的注入，故而冬日非严寒而不封冻，始曰，热河。所以，热河实为武烈河。

从地理上看，热河属于塞外古城，是平原文化和高原、草原文化的交汇处。从历史上看，热河流域是满蒙等游牧民族的集散地，汇集了满汉蒙多种文化。

从人文方面看，一座城市的历史文化又是跟其人文内涵紧密相关的。“人文景观是人们在长期的历史生活中形成的艺术文化成果，是人类对自身发展的肯定并通过景观形态表现出来的。只有以人文精神为内在支柱，以城市人的发展需求为价值导向的城市景观才能展露出城市景观‘人格化’的风韵。人文精神在本质上是关于人的存在和意义的形而上的思考，但在城市景观中又表现为不同风貌、不同质的城市。在城市景观的宏观构架中人文精神是核心。在全球化背景下，世界上很多城市在形态上雷同。只有文化上特别是城市人文精神上的区别显得尤为重要，更显价值。”① 在历史上，由于清王朝在此建造了皇家园林避暑山庄，从而使得承德成为当时的政治文化中心，同时，在解放时期，这里还是热河省的省会。这种独特的地理环境和历史文化因素，对于热河文化、热河人的精神气质、审美观念以及其独特的心理结构和性格精神的形成具有重要的意义，它们共同造就了本地居民既有北方山民和游牧民族的豪爽、坦荡、安逸、淳朴之风，又有京城古都人的大度、纯正的皇家之气。热河人这种独特的心理结构和性格特征成就了一系列如纳兰性德、郭小川、何申等具有热河特性的文化名人，他们及其作品的传播对于生态城市构建同样具有不可或缺的作用。而这些正是特定水文化所蕴含的特定的人文特性，成为了热河人文精神最富有个性、鲜明性的灵魂和动力。

其次，水成就了避暑山庄文化。任何一个城市的发展都离不开其所具有的独特的历史文化因素，一个“缺乏历史感的城市，就会缺乏时间感，这样的城市除了每天的交通流和商业流之外一无所有。一个城市只有借助于其历史环境的可见性，借助于其城市生活多样性的可展示性及使用的活跃性，才能够展示

① 李木子：《论公共艺术对城市文化的隐喻功能》，《艺术百家》2013 年第 1 期。

其丰富性。"① 承德是一个历史文化底蕴深厚的城市，在亿年以前便是侏罗纪世界生物的发源地，而久远的"红山文化"更是热河地域新石器时期的历史文化积淀，至今已经有5000多年了。承德作为一座历史文化名城，曾是清王朝鼎盛时期的京师陪都。承德市区中心的避暑山庄及外八庙文化，是集皇家、古建筑、佛教以及中原儒文化于一体的文化集合体，更是承德建设中最具魅力的城市景观。当初，清王朝在承德建立避暑山庄及外八庙的原因除了其在政治、国防、军事、宗教、地理等因素外，承德得天独厚的山水资源也是其考虑的重要原因之一。"真山真水，师法自然，人水协调，是山庄水文化独有的特征，从一个侧面显示了清王朝时期璀璨的水文化和人与自然和谐理念的成熟。"② 避暑山庄及外八庙是承德典型的文化象征，其整体格局主要依照中国"天人合一"、"天地和谐"的哲学观，并借助狮子沟河、武烈河、磬锤峰、热河泉这4个主要元素，从地势上构成了一个自然的右旋太极图形，因而被定为"风水宝地"。山庄位于市中心，是一座精致的皇家避暑园林，园内景致的分布依山傍水，有韵致。"一个山庄，半部清史"，清朝曾在此定居，并建造了避暑山庄及外八庙文化群，使得承德具有深厚的历史文化研究价值，并闻名中外。而这一文化群的建立都离不开城市"水"文化的滋养。一方面，作为避暑山庄湖区的主要水源，武烈河为整个山庄湖区的生态景致的形成起到了非常重要的作用；③山庄位于武烈河西岸，河流蜿蜒曲折，呈南北走向，登高俯瞰整个城市："玉带环腰"之气场，"磬锤峰领群峦，一阳统众阴；热河泉汇众水，一阴聚群龙"，承德可谓置身于"山环水抱"的自然怀抱中。另一方面，避暑山庄园内的风光取自然山水之本色，吸收江南塞北之风光，既有"山"的刚毅，又有"水"的雅致，是"山水结合"的皇家园林。

整个山庄东南多水、西北多山，是中国自然地貌的缩影。从建筑整体布局上看，承德避暑山庄的建筑布局大体可分为宫殿区和苑景区两大部分。苑景区又可分成湖区、平原区和山区三部分。平原区位于山庄北部，占地60.7万平方米。平原区主要是一片片草地和树林，其中又分为西部草原和东部林地。山区位于山庄的西北部，面积约443.5万平方米，相对高差约180米，着重布局形成了避暑山庄内群峰环绕、色壑纵横的自然景观。"水"在避暑山庄的文化内蕴方面主要

---

① Rodney R. White：《生态城市的规划与建设》，沈清基、吴斐琼译，上海：同济大学出版社2009年版，第134页。

② 姜桂民：《浅析避暑山庄水文化》，《承德民族师专学报》2010年第3期。

③ 姜桂民：《浅析避暑山庄水文化》，《承德民族师专学报》2010年第3期。

表现在园内的湖区部分。湖区位于山庄东南，面积49.6万平方米。有大小湖泊8处，即西湖、澄湖、如意湖、上湖、下湖、银湖、镜湖及半月湖，统称为塞湖。这些小湖泊将湖面分割成大小不同的区域，层次分明，洲岛错落，碧波荡漾，富有江南鱼米之乡的特色。湖区的风景建筑大多是仿照江南的名胜建造的，如“烟雨楼”是模仿浙江嘉兴南湖烟雨楼的形状修的，金山岛的布局仿自江苏镇江金山。湖中的两个岛分别有两组建筑，一组叫“如意洲”，一组叫“月色江声”。“如意洲”上有假山、凉亭、殿堂、庙宇、水池等建筑，布局巧妙，是风景区的中心。“月色江声”是由一座精致的四合院和几座亭、堂组成。每当月上东山的夜晚，皎洁的月光映照着平静的湖水。

山庄内湖区总体结构以山环水、以水绕岛，布局运用中国传统造园手法，组成中国神话传说中的神仙世界的构图。并且多组建筑巧妙地营构在洲岛、堤岸和水面之中，展示出一片水乡景色。这种格局巧用地形，因山就势的建筑风格既结合了承德本身所具有的地理优势，又体现了“水”文化在城市布局中的重要性，再加之康熙、乾隆皇帝所提的“七十二景”更是与水相关（比如，水芳岩秀、云容水态、水流云在、水心榭），这些使得园中的自然风光具有了深厚的文化内涵。而在湖中洲岛所建的各类建筑都很有讲究，是“在龙脉、水脉环抱之中，使山庄湖区整体呈现出群山环绕、脉络清晰、水绕气聚的上乘环境”，这既显示出康熙皇帝注重民族团结、国家统一的治国思想，又深层次地体现了清朝封建帝王对汉传统文化的接受与继承，并在“天人合一”的哲学思维中渗透清王朝对国家强盛、民族富强、江山统一的追求与期盼。正如余秋雨在《一个王朝的背影》中所写，避暑山庄“把复杂的政治目的和军事意义转化为一片幽静闲适的园林，一圈香火缭绕的寺庙，这不能不说是康熙的大本事，然而，眼前又是道道地地的园林和寺庙，道道地地的休息和祈祷，军事和政治消解得那样烟水葱茏、慈眉善目”。“这个格局，包含着一种需要我们抬头仰望、低头思索的审美观念和人生观念”。避暑山庄对水资源的利用与保护充分诠释了人与自然和谐发展的生态理念，也是水文化在城市建设中重要体现。

可见，“水”在避暑山庄的意境营造上、城市诗意的文化内涵体现上、皇家审美气质的形成上、园林景区的丰富上都具有一定的作用，是避暑山庄文化形成的主要原因之一。而承德的河道规划中的文化内蕴正与水在承德历史、政治、人文中的文化意蕴相契合，水的文化内涵深刻体现了承德河道规划中的生态文化建构。

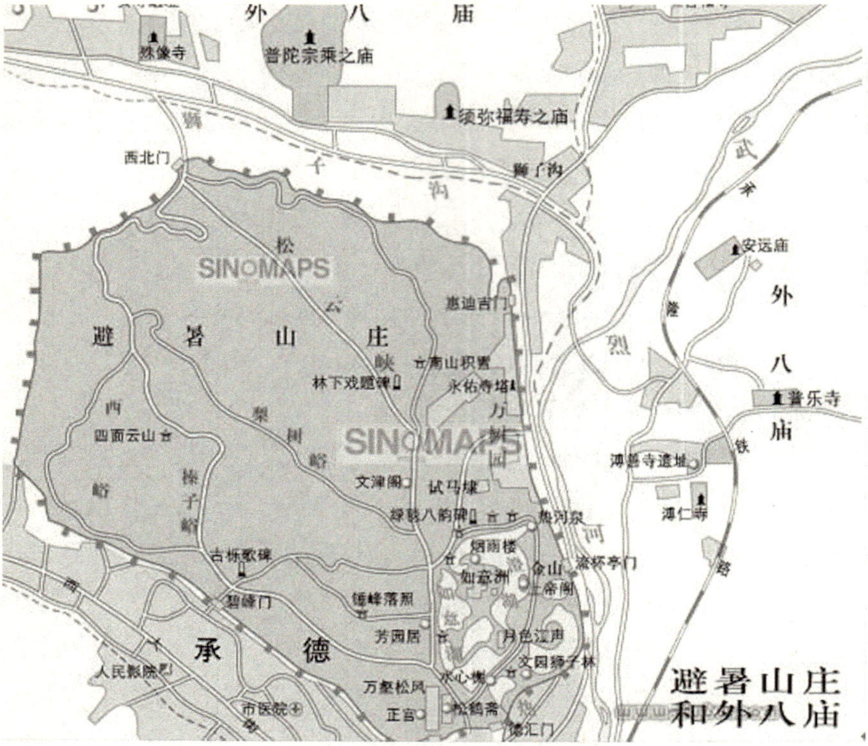

承德避暑山庄图内水域

三、承德河道规划中的文明生态内蕴

通俗意义上讲，文明主要指的是“文明是人类改造世界的物质成果和精神成果的总和；是社会进步和人类开化的进步状态的标志。”① 而生态文明是在城市化进程中逐渐形成的一个概念，是人类文明不断发展的一个新的阶段。“生态文明，是人类遵循人与自然（及社会）和谐发展规律，推进社会、经济和文化发展所取得的物质与精神成果的总和；是指以人与自然、人与人（及人与社会）和谐共生、良性循环、全面发展、持续繁荣为基本宗旨的文化伦理形态。”② 党的十八大报告中对全面建设小康社会的总体布局，首次单篇论述“生态文明”，指出面对环境污染、资源短缺、生态退化等严峻形势，当前城市的发展要树立尊重自然、顺应自然、保护自然的生态文明理念，把生态文明建设放在突出地位，并融入到城市经济、政治、文化和社会建设的各方面和全过程，努力建设美丽中

① 《中国大百科全书》（哲学卷），北京：中国大百科全书出版社 1987 年版，第 924 页。

② 全国干部培训教材编审指导委员会：《生态文明建设与可持续发展》，北京：人民出版社 2011 年版。

国，实现中华民族永续发展。从“人与自然”和谐发展的角度，并吸收十八大成果的定义，“生态文明”主要是指人类为保护和建设美好生态环境而取得的物质成果、精神成果和制度成果的总和，是贯穿于城市建设中的经济、政治、文化和社会建设全过程和各方面的系统工程，这一理念反映了一个社会的文明进步状态。从这个定义可以看出，生态文明涉及多方面内容，而生态城市的建设又是生态文明建设最直观的体现。水作为生态城市河道建设之基，其所具有的丰富内涵无不彰显着生态文明的内蕴。水资源、水环境和水文化都属于城市河道生态文明建设的重要内容，河道生态文明建设是城市生态文明建设的起航点、推进器。而河道与城市生态文明建设之间的关系，从根本上看则体现了人与自然如何和谐共处的问题。

生态优势是承德作为一座集历史、文化、旅游于一体的优势，也是承德发展低碳经济的重要基础。对于承德未来发展而言，城市的河道建设的分量很重，在一定意义上，水资源决定城市发展的承载能力，这主要体现在其对区域或城市人口、环境与经济协调发展的最大支撑能力或限度，和其对城市环境的主容量。而河道作为水在城市建设的重要内容，与城市的容量、产业布局、人口分布、经济社会发展的程度密切相关。因此，保护好承德的水资源不仅关系着承德的现在和未来，更是承德在生态城市建设中有着深远的意义。作为一个对外交通还相对保守的城市，承德走生态城市的路子，更是对一种新的城市发展模式的积极探索。

承德市位于河北省东北部，有着紧邻京津、背靠辽蒙、一市连五省、直通三大港的独特区位优势，同时，承德市作为全国名城，是辐射全省、带动全省经济社会发展的核心城市。而要建设生态文明城市，实现城市经济社会的快速发展，离不开承德所具有的坚实的水资源保障。从全市水资源总量来看，承德境内有滦河、潮河、辽河、大凌河四大水系，这是承德最宝贵的生态资源，更是京津的重要水源地和生态屏障，年均向京津供水 29.4 亿立方米，占承德水资源总量的 79.5%。全市森林、草原、湿地每年向大气中蒸发 3842.5 万吨清洁水；经年吸收二氧化碳 1105 万吨，吸收二氧化硫等有害气体 109 万吨，释放氧气 807 万吨，有效过滤了大气，阻止了风沙和扬尘，为确保首都生态安全发挥了巨大作用。近年来，随着京津冀一体化的推进以及环首都经济圈的建设，承德在区域经济建设中的重要地位日益重要。

为此，承德市先后制定了一系列规划，并实施了生态防护林建设、水污染源治理、节水体系建设、生态产业发展和生态环境整治修复等项目，建成了重点生态文明建设试点以及国家、省级多个自然保护区。而且，在地理位置上，承德处于京津上风上水的位置，是环京津地区的重要生态功能区、“京津水源地水源涵养重要区”和“阴山北麓－浑善达克沙地防风固沙重要区”，肩负着为京津阻沙源、蓄水源的重要任务，拥有不可替代的生态安全地位。

承德市依水而发展，其较为丰富的水资源支撑了承德工业的腾飞。武烈河、避暑山庄及其内部河湖水景吸引了国内外众多游客，促进了承德的对外开放。但随着经济的快速发展，生活污水、工业废水以及旅游业、农业废水、水产养殖等污染增加了，加上近年来雨水偏少、水量入不敷出，使城市河流污染加剧，造成了承德河道功能生态功能的严重减弱。同时，由于流域属地管理不一致、污水治理严重滞后，而取水量加大使水环境承载能力降低，水体污染负荷量增加，自净能力减弱，加剧了水环境恶化，导致水质污染，供水水源地水质安全形势严峻。承德武烈河区多个橡胶坝的建立就是在这种背景下应运而生的，并且揭开了承德市生态文明城市建设的新篇章。

因此，河道在承德的城市建设中所占有的优势、所具有的内涵以及所存在的问题都是生态文明建设过程中不可忽略的问题，在城市建设的实际操作中，注重对本市水资源所存在的一切问题进行客观合理地分析，既能够促进承德河道的生态文明的建设，同时也是对该市生态文明内蕴的深入解读与运用。另外，承德建设生态文明城市与发展低碳经济是一致的。发展低碳经济，减少碳排放，优化能源结构，推动产业结构调整，将为生态文明城市的建设提供一个新的思路。反之，推进节能减排，构建生态产业体系，转变经济发展方式，也为推动低碳经济的发展营造一个更为良好的现实基础。

总之，水之于生态，犹如血之于人体。一个城市的发展，其良好的生态环境是生态文明建设的关键所在。承德生态文明城市建设的重点是建设以水为特质的生态文化，而河道作为水与城市衔接的重要桥梁，是城市建设的生态文化之魂、生态文明之脉。狭长宽阔的水体造就了承德的城市格局，清凉的水源支撑了避暑之都，这些无不凸显着河道在生态城市建设中的重要性，彰显着承德河道规划中的文明生态内蕴。

本章结语

承德是一座在资源、区域、气候、历史、文化等多方面具有优势的城市，选择一条科学发展的城市化道路，将对城市形象和城市品格有很大的提升，同时对城市的未来发展起到深远的影响。当前城市发展规划趋势表明，城市河流作为城市中宝贵的自然生态空间，其整体的规划与发展对于一个立足于生态城市的未来具有非常重大的意义。而城市的河道规划又是生态城市建设的重中之重，然而，随着城市化进程的加速，加之人类活动对于自然开发的作用，使得城市河道系统日益脆弱，故而在此基础上，要多方面地探讨城市化进程中所体现出的不同层面的生态问题，并思考这些问题给人类生存和发展带来的某种胁迫与失衡，并积极从实践和精神层面寻求解决之道，要客观全面地认识承德当前河道建设中存在的问题，并结合目前所具有的自然、人文的条件对其进行行之有效的治理与可行性的开发是承德城市发展中需要注意的关键之处。同时，作为一个国际知名的旅游城市，承德在其文化底蕴、民俗特色等方面所具有的优势，这又使得承德在其整体规划中不可效仿别的城市，而要结合自己特有的民族文化来进行规划。这就要求在其河道治理与规划中要体现其独有的文化特色，比如对临近旧文化遗址的河道治理，避暑山庄内的河湖治理等，而承德市将“避暑山庄·和合承德”作为城市精神加以定位，也在一定意义上体现了承德在城市化进程中注重城市的生态美学的内涵与人文地理相契合的宗旨，这恰是承德河道规划的归宿。可见，生态承德的建设体现在其河道建设中，便是需要坚守“绿色、可持续、追求生态平衡”的科学发展观，并兼顾承德城市山水人文的特征，以及构建宜居的国际性旅游城市的发展理念，从而为承德的实际发展奠定基础，并最终为城市的可持续发展提供一定的理论框架。

第三章　承德街区的生态规划

人类的各种社会生产活动与生态环境息息相关。一方面，人类的生存与发展离不开生态环境，生态环境不仅影响着人类社会生产过程的方方面面，是经济社会发展所依赖的基础；另一方面，在人类的社会生产和发展过程中，诸多社会活动也直接或间接地改变着生态环境。人类的各种社会生产活动对生态环境演变都产生着深刻的影响。在现代城市发展和规划中，人类居住环境越来越备受关注，尤其是城市的街区规划，更是直接影响着人类的生存状态，宜居的街区规划也就成为了每个城市规划者所要面对的首要问题。

生态美学属于交叉学科，是实践美学在生态维度下发展而来的一个分支。生态学和美学联系起来是因为关于世界存在的构想融入了田园牧歌式的理想（也称为阿卡狄亚式态度）。从中西方的文化传统来看，生态美学思想自古有之。中国哲学向来注重人与自然的和谐共生，天人合一思想就是典型的生态美学思想。古希腊的斯多葛学派以及马库斯·图留斯·西塞罗强调自然世界审美的和功利的两个方面。他们认为，自然世界的美丽让人看着愉悦，应当被保护。万物皆为平等，人类与自然界不是利用与被利用的关系。所有的创造物都是上帝计划的一部分，而不是为了人类的功利目的而放置在那里的。生态美学作为学科理论虽然是现代美学的研究热点，但是作为生态观的审美意识可谓是渊源已久。对于现代社会来讲，从生态美学的视角来规划城市街区，则成为城市规划的一个重要策略，将人与自然融为一体，从整体上来规划街区，追求人类与自然的和谐共生，在规划和建设上顺应自然环境，不以人类为中心，已成为现代城市街区规划的主流趋势。

承德市地处冀北山区，北部坝上为内蒙古高原的南缘，南部为燕山山脉。气候属于半干旱半湿润温带大陆性山地气候，各类生态系统及其生态服务功能优良，人均与亩均水资源占有量位居全省前茅，是河北环境容量最为富余的地区。承德城市坐落在自然资源丰富的群山之中，河流在城市中间穿行而过，整个城市街区规划在天然上就有一种依山傍水的自然生态感。运用生态美学的学科理念规划城市街区，对于承德的城市现状来说，具有得天独厚的优势资源与贴合实际的可操作性。这一章，我们将从生态美学的视角来谈谈承德的城市街区规划。

第一节　承德街区现状与城市化进程

一、承德街区现状分析

承德市是一座山水园林城市，是一座历史文化名城。承德市的地理位置十分重要，在京津冀一体化进程中处于枢纽和衔接性的地位。根据行政区划，承德市可以分为双桥区、双滦区、鹰手营子矿区、承德县等几个行政区域。在这些行政区域内，按照街区功能可以分为商业区、民俗区、文化园区、产业园区等不同的街区；有的区域内又同时兼有几种街区功能。

承德是连接京津冀辽蒙的区域性中心城市。到 2010 年，中心城区城市建设用地面积为 66 平方公里，预计 2020 年中心城区城市建设用地面积为 84 平方公里。城市规划区范围包括双桥区、双滦区、鹰手营子矿区、上板城镇、西地乡，全部行政区划范围面积 1250 平方公里。

1. 双桥区

双桥区是承德市中心区，是燕山地区政治、经济、文化、旅游中心。双桥区地处冀北山区，属燕山山脉，广仁岭、狮子岭、磬锤峰、罗汉山、僧帽山、五指山耸立四周。承德市具有“一城山水半城园”的美誉，避暑山庄、外八庙均坐落在此区域内。双桥区总面积 246. 85 平方公里，是承德市委、市人民政府所在地。双桥区政府位于西大街路路口，区界东、南、北部与承德县接壤，西部到广仁岭，与双滦区毗邻。承德市中心区北至山庄，南至翠桥旱河，东至武烈河，西至南营子大街；南北长 1400 米，东西宽 600 米，总面积 82. 47 公里。纳入双桥区规划范围的街区有：商业步行街规划、居民区规划、都统府、肃顺府保护和火神庙广场规划等。

其中竹林寺小区建设得比较早，该小区规划的实施是全市“七五”期间的重点工程项目。1987 年市里举行了竹林寺小区优秀规划方案评选，有南京工学院、天津大学、北京规划院、北京有色冶金设计院、承德市规划处等 6 个单位参加竞选。经中国著名建筑师张开济等 11 名专家评审，北京规划院的方案中选。竹林寺小区目前已经实现了早期的规划，建成为一个既体现名城特点，又能满足居民物质、文化生活需要，设施齐全、环境优美的居民生活区。

市中心区的规划需要考虑到城市商业、教育、行政、旅游、休闲等多方面功能，分片规划，每一个街区都有自己的职能和特色。市区主要道路新华路、武烈路交汇处与承德市东区隔桥相望。市中心商业街在新华路和南营大街，其中双百购物中心位于承德市黄金地段，总建筑面积约2万平方米，拥有5000平方米的大型停车场，是承德市一家以高档品牌为主导、中档品牌为主体的大型商场。双百购物广场外观设计匠心独运，雄伟壮观；场内配套设施完善，装修美轮美奂，格调高雅，环境舒适，布局合理。双百购物广场已成为承德最具时尚风格的购物广场。中心商业街区的主要特点是商圈规模较大，区域外消费人群所占比例较大，一般在总人流量的70%以上；业态店业种店的种类多样，至少一家的大型百货店为主体带动众多专业店和专卖店；经营商品和服务选购性强，而不以便利性为主。在二仙居附近，目前兴建了名都商业大厦，这座商场具备一定规模，现代化的设施和经营方式与承德商厦一起构成了另一个重要的商业街区。名都商业中心现在已经成为时尚年轻人消费、聚会的场所，除了服装以外，还有餐饮、电子游戏等。

目前，在市中心区桃李街已经建成了步行街，以橡胶铺路，道路两边也进行了规划，非常整洁，方便了行人。桃李街是承德最著名的学区街道，有实验小学、承德二中、河北民族师范学院附属中学，由于学生人数多，在这片街区修建步行街是一项非常利民的举措。桃李街街道比较狭窄，人流量大，尤其是在上下班高峰期接送孩子时交通十分拥堵，步行街的建设为孩子们提供了安全保证，也为家长们带来了方便。学区街道的建设应该以便利、整齐为主要原则，桃李街的建筑没有特别高的大厦，周边的建筑多为四至五层楼房，以餐饮、书店、文具店为主。

桃李街步行街

2. 双滦区

双滦区位于承德市人民政府驻地以西 11.5 公里的双塔山镇。东至广仁岭与双桥区和承德县为邻，南、西部与滦平县接壤，北与隆化县交界，总面积232.62平方公里。双滦区地处冀北山区，属燕山山脉，平均海拔 396.7 米，地势北高南低，南北狭长。

双滦区是承德市的工业区，有省、地、市属厂矿企业 20 多家。其中规模较大的有：承德钢铁厂、滦河发电厂、双塔山选矿厂、大庙铁矿、丝绸厂、矿山机械厂、造纸厂、麻纺厂、面粉厂等，此外还有饮食、百货、五金、日杂和机械修理等企事业单位。承德钢铁厂位于双滦区人民政府驻地以西 5.5 公里，占地面积 3.88 平方公里。承钢隶属于河北省冶金局，是全国冶金中小型重点企业。

双滦区境内青山绿水，南部滦河有著名的双塔山、元宝山、雕砬子沟等。区内还有多处古迹，如喀喇河屯行宫、穹览寺、琳霄观和清真寺等古建筑遗址。

3. 鹰手营子矿区

鹰手营子矿区位于承德市人民政府驻地南约 54 公里的兴隆县境内。矿区共分成两片，鹰手营子和北马圈子为一片，寿王坟为一片，两地相距 12.5 公里，四邻均与兴隆县接壤，其中鹰手营子片东邻下台子、白马川乡，西接克梨木乡，南连大水泉、土城头乡，北界上窝铺和荒地沟乡。寿王坟位处鹰手营子片东北部，东邻车河堡乡，西接下台子乡，南续白马川乡，北界潘家店乡，总面积 149 平方公里。境内寿王坟镇东南部有明初副将常遇春的“寿王坟”古墓一处、汉代冶铜遗迹等古迹。矿区人民政府驻鹰手营子街。鹰手营子矿区的经济以采矿业为主，年产煤约 300 万吨，日产铜矿石 3900～4000 吨。省地、市属工矿企业几十个，服务网点近百个。

4. 承德县

承德县位于承德市中部，东界平泉县，南接宽城、兴隆县，西邻承德市、滦平县，西北靠隆化县，东北、西南分别与内蒙古宁城县、北京密云县接壤，总面积 3820 平方公里。承德县地处燕山地槽与内蒙古背斜过渡带，境内层峦叠嶂，有山峰 4196 座。滦河是流境内的最大河流，沿岸有武烈河、白河、老牛河、暖河儿注入。

在承德县六沟镇已经开始规划建设承德高新区东区（六沟新兴产业园区）。园区规划总面积 100 平方公里，可建设用地面积约 51 平方公里。园区距承德市中心区域 15 公里，距高新区核心区 9 公里，距承德机场 16 公里；京沈高铁在此设站，承朝高速公路在此设有出口，101国道、京承公路从园区内穿过。园区地处老牛河中游，年径流量1.4亿立方米。园区内建有500千伏、220千伏变电站各一座，110千伏变电站2座，35千伏变电站4座，可提供充足的电力保障。按照“1+3”产业平台总体规划，该园区定位为北京中关村产业转移基地，重点发展高端装备制造业和高新技术产业。目前，园区基础设施建设已投入资金18.2亿元，完成土地收储9960亩，建设现代化厂房25栋，总建筑面积16万平方米。已入驻企业28家，总投资约300亿元。

此外，承德市开发高新技术园区，已经扩大到周边地区，周边的一些县区也被纳入进来。承德高新区西区（张百湾新兴产业园区）位于滦平县大屯乡和张百湾镇，沿国道112线两侧进行布局。园区规划总面积100平方公里，可建设用地面积35平方公里。按照“1+3”产业平台总体规划，该园区重点发展食品药品加工业。目前，园区基础设施建设已投入资金16亿元，完成土地收储8000亩。已入驻企业50余家，总投资350亿元。

承德高新区北区（凤山新兴产业园区）位于丰宁满族自治县凤山镇（原丰宁县城）、波罗诺镇。园区规划总面积117平方公里，可建设用地面积约50平方公里。园区距承德市中心城区95公里，距高新区核心区90公里。按照“1+3”产业平台总体规划，该园区重点发展高端装备制造业。目前，园区基础设施建设已投入15亿元，完成土地收储6500亩。已入驻企业11家，总投资100亿元。

京沈高铁的承德南站选址在高新技术开发区，在城市南部冯营子，临近大学城。围绕承德南站高铁站将形成新的商业圈，建成广场、酒店、商场等配套设施，在附近还可以配套建设一些娱乐休闲设施、土特产专营店，这一段街区将成为新的繁华地段。高铁站的建设将使冯营子镇得到快速的发展。

二、街区形态类型及其在城市化进程中的作用

城市现代化进程是当今城市发展的必然趋势，也是现代化进程中不可逾越的环节。城市是现代工业社会发展的产物，在城市化进程中，作为人类改造自然环境的产物，城市呈现出两面性：从积极的一面来说，因为城市环境的形成，人类的生存环境和生活质量有了大幅度的改善；从消极的一面来说，由于工业的发展、人口密度的增加，城市也出现了一些相应的问题，导致人类的生存适宜程度降低。

在城市化进程中，不同的街区应当担当起不同的使命和作用。就承德而言，一些老城区如西大街，不仅要保留古城区的风貌，同时还要融入现代化。一些工

业型城区如双滦，依旧担当着城市经济的支柱的角色。而新兴的城区比如高新技术开发区、大学园区等，则担当起引领城市经济起飞或发展城市教育事业的功能。承德市按照街区的功能进行区划，可分为以下几个街区：

1. 老城区

1986 年，“历史街区”的概念正式出现在国务院公布第二批国家级历史文化名城中。“作为历史文化名城，不仅要看城市的历史，及其保存的文物古迹，还要看其现状格局和风貌是否保留着历史特色，并具有一定的代表城市传统风貌的街区。”2002 年 10 月，在修订后的《中华人民共和国文物保护法》中，历史街区被列入不可移动文物范畴，具体规定为：“保存文物特别丰富并且具有重大历史价值或者革命意义的城镇、街道、村庄，并由省、自治区、直辖市人民政府核定公布为历史文化街区、村镇，并报国务院备案。”

在承德市，老城区主要是以西大街到都统府为界限，分为旅游区和商业区。旅游服务区在西大街至都统府大街以北，商业贸易区在西大街至都统府大街以南。在喇嘛寺、迎水坝、老行政中心和狮子沟等地，主要实现旧城改造，完善周围旅游服务配套设施。在商业贸易区南营子大街、裕华路、佟山东路以东到东兴路以西等地区，实现金融保险业、商业、贸易咨询、停车场、服务业等用地的逐步改造。在西大街、二仙居旱河两岸附近，主要以布置观光、购物、娱乐、餐饮、服务、文化等设施为主。而旅游服务区主要是以避暑山庄和外八庙为主，在保护好现存历史文化遗产的基础上，逐渐修复溥善寺、广安寺和罗汉堂等景区。

作为一座历史名城，承德市的老城区古建筑有很多。如避暑山庄周围的建筑，层高基本限制在两层以内，不搞大型建筑破坏山庄整体古韵，原则上保持古朴淡雅的风格，以便达到与山庄的格调一致。再比如西大街街区内有文庙、城隍庙、武庙、火神庙、二郎庙、常王府等清代古建筑遗址，其中文庙、城隍庙、武庙为市级文物保护单位。西大街在清代为避暑山庄通往北京的御道，曾建有三座牌楼，1956 年扩建公路时拆除。新中国成立前，西大街两旁原有少数王府旧宅院落，居民住宅多为平房。新中国成立后，沿街兴建了许多楼房，形成了一处处商业网点和新的居民住宅区。总之，承德老城区伴随着避暑山庄的建造，要反映承德独特的山形水势，根据中国传统山水园林设计思想规划，形成具备清代盛期建筑风貌的北方山水城市。在老城区的设计中，要保留传统文化与体现时代特色并重，突破沉稳有余、活泼不足的中国传统风格的弊端，同时运用中国传统的色彩韵味、图案符号、植物空间的营造等来打造具有中国韵味的现代景观空间。

2. 现代商贸城区

承德市北区分为老西营、小东沟地区，主要是休闲度假、会展和现代物流区。高等教育功能区在老西营武烈河以南，文化、会展、酒店、体育活动功能区在武烈河北岸滨河地带，居住生活区在武烈河北岸近山缓坡地。旅游商贸、行政服务区在武烈河以东，现代物流区在武烈河以西。在小东沟为旅游商贸、行政服务和现代物流区，在双峰寺附近为居民生活区。

3. 附属旅游区与文化产业区

工业和附属旅游区主要在承德市西区，以滦河作为分界，分为双塔山和滦河地区。在滦河南部及西北部被规划为工业用地，滦河地区主要以工业为主。滦河南岸附近分布有居住用地及公共服务配套设施。滨河绿带在滦河沿河地区，与工业用地间留出10米左右的防护绿带。区级行政、服务中心地区和附属旅游区在双塔山附近。双塔山将被建设成为多类型旅游景区，并大力开发元宝山旅游区。全区行政及服务中心设在牤牛河与滦河入河口附近；区级商业中心设在双塔山大街附近；区级服务副中心设在三岔口附近。

4. 行政区及教育区

在承德市南区主要以行政办公为主，分为高新技术产业和教育功能区。承德市行政服务中心由老城区迁到南区世纪城中部，在庄头营、砖瓦窑、冯营等地区主要以公共设施用地和公共绿地为主；在冯营子西部和偏岭缓坡地南部子地区主要以高等教育用地为主；在闫营子、东西营地主要是综合性公共设施用地；在闫营子北、闫营子南、西营等地区主要是公共绿地。在城市现代化进程中，承德市规划注重将街区的功能类型与地理方位、行政区划相结合。根据城市规划局出台的《承德市城市总体规划（2008－2020年）文本》：城市远景规划将付营子乡东部纳入城市规划区范围。承德通过“南扩、西进、北延、中疏”的城市规划构想带动城市向南、西、北3个方向发展，老城区职能被疏解，从而形成组团式结构。老城区、北区、西区和南区4个组团组成中心城区。老城区是商业贸易、旅游服务区。北区是现代物流、会展和休闲度假区。西区是工业和附属旅游区。南区是教育功能、高新技术产业和行政办公区。

三、承德街区生态规划的美学理念

美学是以艺术为中心研究人对现实（自然、社会、自我）的审美关系的人文科学，而生态美学是一般哲学美学的分支学科，是以艺术为中心研究人对自然审美关系的科学。生态美学是美学引入实践维度后的一个分支。生态审美是实践美学在生态维度下发展而来的一个分支，生态美学是实践美学不可或缺的一个维度。实践美学的发展源于19世纪中叶马克思的《1844年经济学哲学手稿》。20世纪50~80年代在中国，通过一些学者们的努力，实践美学创立起来。李泽厚、刘刚纪、蒋孔阳为中国实践美学的创立和发展奠定了基础。

西方的生态学思想发源于18世纪工业革命初期，代表人物是英国牧师、博物学家吉尔伯特·怀特。生态学和美学联系起来是因为关于世界存在的构想融入了田园牧歌式的理想（也称为阿卡狄亚式态度，阿卡狄亚是古希腊的一个地区，象征田园牧歌式的生活）。德勒兹在1972年巴黎举行的“今天的尼采”研讨会上提出了“游牧学”的概念。德勒兹认为，社会本来是非编码的，但是现代社会进行了一种再编码（国家再编码和私人再编码），正是这些编码构成了专制制度。他认为，游牧精神体现在草原、大海、沙漠、神游、遐思等平滑空间及相关活动中。

中国传统文化中蕴含着生态美学，对自然天道存在着一种敬畏。儒家思想中讲“天人合一”，强调人的自然性，如讲到“参赞化育”、“大其心以体天下之物”。道家思想中的审美态度和生活方式体现了一种永恒的生态思想，如“法道自然”、“无为”、“俭”、“知足”等。另外，中国古典艺术和文论中所具有的十分丰富的以自然怡情悦性的成分，也是一种生态审美方式。

城市的生态美学建设涉及非常广泛的领域，包括研究城市文明建构的硬件规划管理（如建筑、景观等），以及城市文明的内部协调机制软件文化的设计规律，如商业、教育、住宅、文化的区域功能规划管理、城市的可持续发展规律（包括人的可持续发展规律，如户籍制度、养老保险制度等）以及人与自然环境、人文生态环境关系的和谐规律等。

承德是一座历史名城，具有深厚的历史文化底蕴，在规划设计中应该注重对历史文化的打捞，注重历史文化碎片的整理。市里有名人故居（吕松寿故居、沈氏父子故居、柳公府、王廷相故居）、古戏楼（赦孤堂戏楼）、古寺庙（西清真寺、南马神庙）、老宅院（孟家大院、胡家大院、宣家大院、孙家大院）、老字号（满巴烧麦餐馆，大友店，染房“魁聚染”）等历史古迹。这样的街区在修复历史古迹时，要尽可能使建筑贴近原貌，保留承德古城的文化风貌。

打造现代生态城市，最为关键的是城市绿地的建造，以建成具备美感的生态城市景观风貌。承德城区分为两个风貌分区：一为保护型风貌，保护城市的生态屏障、人文历史、文化特征和山水格局，主要指老城区和城市“绿核”。二为发展型风貌，重点体现在滦河流域城区段及武烈河流域城区段的上游及下游地区，形成特色鲜明、生态文明、布局精巧、类型丰富的国内一流滨水新城景观。比如在滦河河谷北侧及东侧山地、武烈河河谷西侧山地、牤牛河河谷东南侧山地围合而成的区域内，建设景观型、环保型、休闲型城市“绿核”。“绿核”平均半径约5.5公里，面积为92.91平方公里。规划加强“绿核”的绿化工程，发展生态产业，保持其自然性和田园性。使“绿核”能够调节局部小气候、减弱城市热岛效应，从而达到净化空气、分隔不同功能分区、增加休闲空间、保持区域生态稳定的目的。打造“绿心——城市环——水系环（局部延伸）——山林环”的大环境圈，形成“绿心环形生态式城市模式”。

根据《承德市城市总体规划（2008－2020年）文本》，在绿地建设中分城区进行不同的绿地规划：

（1）老城区：北部山地规划为保育林区，其范围位于避暑山庄外八庙周围山地。南部近山山地规划为风景林带。

（2）北区：迁出西武烈岭垃圾场，保护好山体植被。北区沿武烈河东岸、南岸山地，规划为以针叶林为主的针阔混合林林地。沿武烈河西岸、北岸山地，规划为以落叶阔叶林为主的林地。

（3）西区：规划将广仁岭作为绿化隔离区，保护现有林木植被。利用部分原承钢铁路、隧道等设施，形成以近代工业文明展示为主的山地绿化区。近期完成元宝山、下甸子南侧山体及双塔山周围绿化，远期完成西区其他近山地段绿化。

（4）南区：近期重点进行偏岭东侧山体及下营东山绿化。远期完成闫营子、秋窝北侧山体绿化。对现状绿化较好的武烈河西岸及滦河南岸，近期形成城市近山外围林带，远期向远山扩展，逐步增加城市外围林地。

第二节　承德街区规划中的生态美学意蕴

承德是山水田园城市、国家历史文化名城，连接京津冀辽蒙的区域性中心城市。在避暑山庄修建之初，承德这座城市就比较注重园林绿化。康熙四十二年（1703）肇建热河行宫，创皇家宫院，为承德最早的古典园林。乾隆二十五年（1760）至嘉庆十八年（1813），清代帝王令在古北口外6处行宫及热河园内栽植松树，经过百年植树，形成了一种传统，也形成了一定规模的定点移植树木、绿化宫苑之举。在光绪三十四年（1908），承德府在城墙外围栽种杨树，绿化开始跳出了山庄园内，蔓延到整座古城。1984 年至 1986 年，承德市园林处包管的佟山公园 3 年栽桧柏、棉槐、松油 6 种幼苗 179803 株，在碧峰门北山植洋槐 24970 株。承德市的山岭绿地逐年增加，至 1988 年底，市区山岭已绿化 101907 亩，占荒山总面积的 66.2%。

城市规划中的美学可以分为几个单元：园林、山林、河流等。就承德而言，拥有避暑山庄这样的著名皇家园林，同时棒槌山、佟山等也具有秀美风光，武烈河是城市著名的景观河。承德市较早已经注重绿化，1985 年，承德规划设计滨河路；1986 年 11 月，南起半壁山路，沿武烈路、山庄东路、普宁寺路，东临武烈河西岸一线，北至普宁寺山门前，全长 7 公里的主体路段完工。全路划分 7 块绿地，设 9 个景观点。各个街区通过借景，均能够分享到城市的古典园林、山林、河流或绿化景观。

一、承德街区规划中的园林美学

目前在我国，具有中国特色的生态园林城市建设还处于起步阶段，分为几种基本模式："尊重自然，具有花园特色的生态园林城市；历史人文，融入自然，具有古典特色的生态园林城市；发挥地域特色，具有山水特色的生态园林城市。"①

"花园型"生态园林城市，比如厦门、杭州、深圳。这类城市因其自身优越的气候条件，在尊重自然的基础上，更加注重人文景观。城市就是一座花园，人们徜徉其中，体会变化中的风景、流动中的花园，感受到自然与人文的和谐融合，享受到身心的怡然。深圳市一面环山，三面环水，形状狭长，在城市规划中形成了"带状组团式"城市结构，促进了城市景观的多元化，从而使得深圳四季花开，成为著名的"花园城市"。

承德作为一座闻名的旅游城市，更应该体现出人与自然和谐、亲近的理念，在城市规划中可以在一些街区表现出花园型城市的特征。比如位于城市大学园区的御龙瀚府小区，其设计以水景为主题，水池周围有以水鸟为造型的喷泉，四周墙面有高低的落差，形成一个小喷泉。这样的小区建设，使得人们在工作之后回到家居环境，得到放松和休息。人类天然与水与山等自然景物是亲近的，能够在自然之中得到栖息和抚慰。"小园香径独徘徊"，原本的愁绪在自然的抚慰中被

① 王浩、王亚军：《生态园林城市规划》，北京：中国林业出版社 2008 年版，第 33 页。

审美化了，变成了一种淡淡的愁绪、一种诗意的闲愁——“无可奈何花落去，似曾相识燕归来。”

“古典型”生态园林城市均具有历史悠久，拥有深厚的历史文化内涵的特征。如古老的苏州注意挖掘历史文化内涵，突显出该城市名城、古园、水乡的特色，在创建国家园林城市工作中形成“自然山水园中城”的城市风貌。这类城市在规划建设中，把城市文化、城市历史、城市景观、城市格局有机融合，并保留住它们的“古典”风格。

“山水型”生态园林城市根据依山傍水的地域优势，在城市规划建设中因地制宜，随坡就势，形成具有“山水”特色的山、海、林环绕呼应的生态园林城市模式。如威海市地处山东半岛最东端，是一面依山三面环海的海滨城市，有着得天独厚的自然资源，经过多年建设，已形成“城在海中、山在城中、楼在园中、人在绿中”的绿化城市模式。古人与自然为友，刘勰在《文心雕龙》中写道：“山沓水匝，树杂云合。目既往还，心亦吐纳。春日迟迟，秋风飒飒。情往似赠，兴来如答。”这段文字是讲诗文写景状物之妙，但是用来表现人在自然中游览，与自然为友、亲近自然，并感到怡然舒畅的心理体验，也是很恰当的。承德的一个特色是山城，因此多街区依山而建，在建设山水型城市中具有得天独厚的优势。另外，城市内的武烈河也为城市的风景增添了许多灵秀之气。

半壁山

清人沈复夫妇在沧浪亭畔生活多年，通过“借景”，他们分享到了整个苏州园林古雅与优美的意境，并通过《浮生六记》将这种诗意的生活留存了下来。借景的一种方式是“望”，通过“望”收纳园外、远处的景物气象于园中。如宗白华所讲：

宋代的郭熙论山水画，说“山水有可行者，有可望者，有可游者，有可居者。”（《林泉高致》）可行、可望、可游、可居，这也是园林艺术的基本思想。园林中也有建筑，要能够居人，使人获得休息。但它不只是为了居人，它还必须可游，可行，可望。“望”最重要。一切美术都是“望”，都是欣赏。不但“游”可以发生“望”的作用（颐和园的长廊不但领导我们“游”，而且领导我们“望”），就是“住”，也同样要“望”。窗子并不单为了透空气，也是为了能够望出去，望到一个新境界，使我们获得美的感受。①

在承德市里，位于武烈路的世纪城五期小区，成为融合现代化与自然山水审美特征为一体的新型小区模式。小区仿照江南园林风格，引武烈河水注入小区内，形成具有活水源的人工湖。世纪城五期小区建设考虑到地块内有天然河道，设计强调对水的利用，水系灵活自然，水既作为各单元组团的分隔，又有利于社区景观。整个小区中建筑、植物、水体共融共生，绿化和水流可以逐层渗透入居住区内部，生态景观、大面积自由式水面和自由式溪流穿流小区之间，点缀曲桥、水榭，依赖周围的自然资源，营造出了足不出户便可鉴赏到的水乡美景。世纪城五期建筑周边流水潺潺，花香鸟语，湾环水绕，屈曲有情。“夫溢于地外而有迹者为水，行于地中而无形者为气”。小区内绿化好，种植有不同树种、种类繁多，几年之后树木长成，盛夏之中一定是一幅郁郁葱葱之景，石子铺路，显出古香古色。肯德基穿梭餐厅也在这里建设，成为承德市第一个汽车穿梭餐厅。武烈河周边的小区，除了世纪城，其他小区均可通过借景分享到武烈河的自然美景。武烈河沿河修建了公园，植被丰富，种植有多种花树，春夏之际景色十分优美。公园里路面整齐、干净，夏季河水充沛，沿河一带十分凉爽，是市民休闲健身的好场所。

佟山是承德市民非常愿意去游览休闲的一处场所，距离居民区也很近。在佟山公园修建已经完成的同时，可以设计修建缆车、小型儿童游乐场、咖啡馆、冷

① 宗白华：《中国美学史中重要问题的初步探索》，《宗白华全集》第3卷，合肥：安徽教育出版社1994年版，第477页。

饮店等。佟山夏季清凉秀雅、环境宜人，通过进一步完善基础设施、增加商业元素，使得佟山真正成为市民休闲消夏的好场所。另外，佟山应该进一步加强植被保护与栽种，同时可以引入一些小型河道，既可以满足树林灌溉的需要，也可以改造成溪流、小瀑布，增强环境的美感。

二、承德街区规划中的山林美学

承德是一座山城，依山林的优势打造城市景观，能取得非常好的效果。鸡冠山就是境内著名的风景区，已建成国家级地质公园。形似公鸡鸡冠的“鸡冠山”，由5颗红色岩柱组成，主峰海拔900米，岩柱一字排开，山势陡峭，参差而立，形似鸡冠，故此得名，是承德市十大名山之一。据传，清初在该地建村，村名五指山，因当地人俗称五指山为鸡冠山，故此得名。目前，该区域正在准备建成鸡冠山文化主题景区，景区位于承德市高新区鸡冠山村，距市区15公里。景区属于磬锤峰国家森林公园外景区，景区总面积26452亩。景区内山岳景观主要以丹霞地貌中高耸的峰林、沟壑起伏的地貌为特色。从2014年开始，承德市将利用5年时间，将景区建设成生态环境优美、景观资源丰富、服务质量上乘的旅游风景区。达到“春夏森林绿，秋天树果红，自然面貌大改观”的总体效果。开发重点为恢复大灵峰禅寺，建设鸡冠山索道、承德影视展览馆、雪地温泉等项目，项目分两期完成。

鸡冠山

在中国古典美学中，山林是一个非常重要的意象。魏晋时期，嵇康在《赠秀才入军》一诗中写道："息徙兰圃，秣马华山。流磻平皋，垂纶长川。目送归鸿，手挥五弦。俯仰自得，游心太玄。嘉彼钓叟，得鱼忘筌。郢人逝矣，谁与尽言？"此后，"游心"成为六朝时期关于自然环境审美的一个重要命题。"游心"是通过心境的澄澈，达到"玄览"的境地，可以和自然界进行对话，对自然进行审美体验、感悟，品味自然之中的韵味和风神。而山林恰恰是古人"游心"的最佳场所。

"游"不仅是古人体悟自然的一种方式，更如庄子所讲，"游"最终可以达到"万物与我为一"的审美境界，是一种无为自然、大朴不雕的绝对自由的美的境界。这种审美境界已经超越审美参与的存在状态，进入一种形而上的精神领域，进入了哲学层面：

> 北冥有鱼，其名为鲲。鲲之大，不知其几千里也；化而为鸟，其名为鹏。鹏之背，不知其几千里也；怒而飞，其翼若垂天之云。是鸟也，海运则将徙于南冥。南冥者，天池也。
>
> 《齐谐》者，志怪者也。《谐》之言曰："鹏之徙于南冥也，水击三千里，抟扶摇而上者九万里，去以六月息者也。"①

在承德的小区建设中，凤凰御景小区是即将建成的一座林苑式生活园区，别有一番雅致与雍容。凤凰御景小区位于承德东南方、市开发南区西部、滦河东岸的凤凰山地域。这个小区的设计理念是一份生活的从容与闲逸之情。小区的西侧为滦河道，北侧为凤凰山公园，南侧为原生态山林地，地域的选择充分体现了人与自然的亲近，体现了一种和谐自然的理念。在这个小区的夏季，在山间浓郁的林荫里，在午后亭旁的微风中，我们或许能够体会到人在画中游的意境，能够真正爱上自然、尊重自然。

古人作画山水时对于自然山水的体悟十分精妙。画家郭熙在《林泉高致·山川训》中谈到："山有三远：自山下而仰山巅，谓之高远。自山前而窥山后，谓之深远。自近山而望远山，谓之平远。高远之色清明，深远之色重晦，平远之色有明有晦。高远之势突兀，深远之意重叠，平远之意冲融而缥缥缈缈。其人物之在三远也，高远者明了，深远者细碎，平远者冲淡。明了者不短，细碎者不长，冲淡者不大。此三远也。"山被赋予了灵性，与人一样具有自身的品格和风度，不同的山色也带给人们不同的审美感受。

---

① 庄子：《庄子》，黄山：黄山书社2005年版，第1页。

承德市里的佟山居住区经过详细的规划，可以体现出山林的美学风格。佟山居住区主要在佟山北坡，东接南营子大街，北临西大街，南面至石洞子沟路，西面是佟山公园。这块地段由8条较大冲沟组成，地形破碎，坎高坡陡，高差达70多米，总面积为106.32公顷，约占全市生活居住用地总和的四分之一。佟山居住区规划建成为交通便捷、设施齐全、居住舒适、环境优美的居住生活区。

佟山公园与佟山居住区相毗邻，北面是西大街，南面是石洞子沟。避暑山庄、外八庙及磬锤峰、鸡冠山、天桥山、僧帽山等风景点可与其遥相呼应，互为对景，面积约50公顷，由8个景区组成：槐荫莺韵、杏林春烟、一坡芳草、半岭松声、林秋晚景、湖山如画、闻鸡唱晓、幽谷鸣琴。公园绿化充分，景致参差错落，是十分优美的山林公园。佟山公园1988年始建，由中国城市规划设计院风景名称研究所设计。公园以大面积绿化为主，是一座开放式公园，为市民提供了优美的休憩环境，提供了一个亲近自然的场所。

位于佟山居住区的新泰家园小区，采用台地式的建筑格局，把建筑和园林有机结合起来。小区建设以环境生态为主导，力求打造和谐、自然、人文的居住社区。小区依佟山而建，在其中可以自由地游览，享受周边山峦的自然美景，得到放松和适意。新泰家园小区打出的是走进自然的旗号："城市背叛了自然，我们背叛了城市。"人在山林之中本身即能得到一种安顿。现代的生活节奏相比古代提高了好几个档，我们在欣赏山林时，也不能完全隐遁其中，整日隐居于此，也许只能管窥蠡测，通过门窗观赏到山林的一角，享受到自然当下的一刻、一个片面，身心也能得到暂时的安顿。这是一种"借景"之法。古人欣赏自然园林讲"借景"，也是如此。所谓"借景"，就是将园林之外的环境与景色纳入园林之中，从而丰富了园林的景观，扩展了审美的意境。陶渊明的"采菊东篱下，悠然见南山。山气日夕佳，飞鸟相与还"是借景的佳例。王羲之《兰亭集序》中的兰亭名胜天下，但兰亭之美也不在兰亭，而在借兰亭可以"仰观宇宙之大，俯察品类之盛，所以游目骋怀，足以极视听之娱，信可乐也"。

三、承德街区规划中的河流美学

承德地区水资源分三大流域，分别为滦河流域、潮白蓟运河流域、辽河流域。滦河及其支流贯穿整个承德地区，是承德市水量最为丰富的河流，主要支流有小滦河、兴州河、伊逊河、武烈河、老牛河、柳河、瀑河等，流域面积28878.35平方公里。承德市区主要河流武烈河流域面积2580平方公里，河道全长114公里。武烈河是承德市内最重要的观光河流。

承德市河道湿地类型为内陆型湿地类型，由12道橡胶坝群组成了240万平方米水面坝区。湖区内有独特的自然景观，草甸、沼泽、水域多种生态系统并存，并具有丰富的生物种类。湖区内生物资源丰富，鸟类资源最为突出，在此栖息的鸟类有白天鹅、灰鹤等水禽40余种，特别是野鸭、白额雁等数量众多，是湖区内最主要的生物景观。另外，湖区内拥有狐狸、野兔等陆地生物资源，以及大量淡水鱼类，共同构成了湖区完整的野生生物景观。丰富的水资源对植物生长至关重要，湖区周围有着丰富的植物资源。水面以芦苇、蒲草为主体，也有莲藕等多种水生植物；湖堤近水部有狗尾草、枸杞、柽柳、盐蒿、紫穗槐、苍耳、牛皮消、车前等野生植被分布；湖堤外围是林木种植区，主要林木为乔木、灌木、果树等，树种多样，其中尤以柳树、松树、柏树为典型。近年来，随着取水量大增，湿地水面大量减少，对湿地周边群众的生产、生活以及整个生态环境构成了严重威胁，必须采取措施遏制湿地萎缩，恢复并建立良性循环的生态系统。

以承德避暑山庄为代表的皇家园林景观是人类历史文化的沉淀，是中国古代建筑中艺术形式最美、观赏性最强的建筑形式之一。山庄中的水景也非常著名。避暑山庄湖泊区位于山庄的东南部，以泉水和涧水汇集而成的水面为主，并与各种人工桥堤形成了不同形状、风格各异的湖泊，一池三山的蓬莱仙境，是中国皇家苑囿的传统布局。整个湖区布置自由放松而又严谨有序。山庄景观中与水体艺术的融合点数不胜数，最为著名的有水心榭、流杯亭、文津阁、烟雨楼等。以文津阁为例，工匠们在池边的假山上，利用奇石的遮挡，使异形石窗洞形成一个半圆形，如上弦月的缝隙，光线可由此反射到水面上，映出一弯弦月的倒影，西南面可以同时看到天上的太阳，“日月同辉”，巧妙之极。

武烈河

作为承德市里最重要的观光河流武烈河，为市区的景色增添了些许灵性。“仁者乐山，智者乐水。”水是性灵的，“山水以形媚道”，体现着自然界的生趣和规律。水景也分为几种，如宋代画家韩拙所言：“有近岸广水，旷阔遥山者，谓之阔远。有野雾暝漠，野水隔而仿佛不见者，谓之迷远。景物至绝，而微茫缥缈者，谓之幽远。”一座城市中的河流具有重要的作用，调整了环境，美化了市景。在武烈河周边的一些小区得以分享到河流的灵秀景致。比如山水芳邻小区背靠九华山，前瞻武烈河，借山水景致，创造一种绿意绵绵的生态景观。小区与周围的山水景观浑然天成，实现了安静和谐的新都市生活理念。另外，同在武烈路的新世家小区采用古典与现代相结合的设计，吸收欧洲中世纪文艺复兴风格，打造出了一个非常具有艺术氛围的生活园区。山水芳邻小区的设计遵循新都市主义精髓，在绿意绵延的大生态景观下，社区山水园林景观与之浑然天成，彰显天地一色的气魄。作为承德最具升值潜力地段，这个小区把静协的生态环境与便捷的都市生活融合于一体，打造了承德新都市主义住宅典范。在小区中，可以享受自然、享受生活。山水芳邻北依九华山，茶余饭后散步其中，感受纯天然氧吧带来的绿色生机；东瞻武烈河，炎炎夏日可以领略到滨河城市的风光。

四、承德街区规划中的艺术美学

1. 城市雕塑与建筑艺术

雕塑是一门静态的艺术，它是一种以固定的姿态、实体的造型表达理想的艺术。所有的雕塑都是一种理想化的造型，它给城市带来了艺术的点缀，也带来了文化气息。一座城市的雕塑应该与该城市的规划、城市的文化氛围相契合，才能恰如其分地发挥它的艺术功能，展现它的象征寓意，起到陶冶市民情操的文化作用。中国的雕塑有它独有的特点，就是重在气韵的表现。

康熙大帝　承德市中心火神庙“康熙大帝铜像”立于1999年9月9日。该雕塑距离承德避暑山庄不到500米，已经成为承德市清皇家文化的地标性文化形象，寓意着康熙皇帝与承德这座城市兴起的关系，也昭示着这座城市过去的历史。

少女迎宾　这座雕塑位于承德市区火车站广场中心，占地面积500平方米。1985年由市政府聘请中央美术学院俞崧教授创作，1986年9月30日落成。雕塑基座为大理石，主体为群像，周围为蓄水池。群像总高9.1米，以“和平与友谊”为主题，3名女青年手举花环笑迎八方宾客；喷水池以花瓣图案布局，直径24米，蓄水量300多吨，装有566个喷头，分7个层次分别喷出“喇叭花”“雪松”“水幕”“白顶玉柱”“金龙盘玉柱”等形态各异的花样，与雕塑群像互相衬托。

康熙大帝

少女迎宾

陆合同春　这座雕塑位于承德市区武烈河大桥西端，是承德市建设的第一座城市雕塑。该雕塑由中央美术学院俞崧副教授1984年创作设计，同年11月4日落成。这座雕塑是群鹿的造型，主体是大理石基座，高5米，上面设计水泥浇铸成的约1米高的5只大小不同的白鹿，形态各异，姿态不一，有立有卧。雕塑占地94.9平方米，是一座圆形的花坛，花坛内种植有油松。雕塑的寓意是“陆合同春”，愿生活在此的各族人们团结一致，愿城市永远生机勃勃。

松鹤延年　这座雕塑位于承德市游览桥西端，为路中心圆形花坛雕塑。这座雕塑在1985年落成，由中央美术学院冯和教授设计。该雕塑占地面积为997平方米，大理石基座，主体为水泥浇铸。雕像的造型是3只从棒槌山起飞的仙鹤，高约6米。花坛内种植着花和灌木，草坪217平方米。这座雕塑象征着城市的蓬勃发展。

承德市内广场建设中应该加入雕塑元素。例如，在承德市中心广场可以设计具有造型艺术的现代雕塑，以增强城市的现代感、时尚性。广场的花坛设计也可以利用上雕塑元素，运用饰有类似树枝图案的大理石建造花坛，可以达到柔秀优雅的美学效果。而广场的雕塑中如运用多立斯式大理石柱，则会收到端庄、宏伟的审美效果。

2. 广场建设

中心广场　承德市中心广场位于城市最繁华的路段南营子大街，对面是文化大厦，是市民休闲娱乐的中心。广场是将人群吸引到一起进行休闲活动的城市公共空间。城市广场是一个城市内具有开放性的标志性景观之一，也是城市文化的一种象征，它在城市中发挥着极其重要的作用，是一座城市的名片。城市广场的设计应该结合城市的历史文化，融合自然美与艺术美，彰显城市魅力。在城市广场设计时，应将其景观效应与社会功能、历史文化、生态作用等各个方面有机地结合起来，因为广场这样的空间环境与人发生密切联系，所以在设计时注重人性化是十分必要的。在市中心广场内建设有高台，一圈一圈的圆形高台形成一定的梯度，美观时尚，台面的面积很宽阔；广场内种植绿树，布置花坛，适合人们散步、活动，是休闲、放松身心的好场所。另外，在广场有一片开阔的平地，这里是市民们进行商业、文化活动的中心，比如大型的促销活动、文化周末、平时的街舞和健美操等活动都在这里举行。这里有大型的家居建材商城，周边有老字号酒店。另外，根据承德的实际情况，中心广场为市商业聚集区，人口密集，商业活动频繁，交通拥挤，需建设一个大规模、大容量的地下停车场。

文化广场　双滦区民族文化广场地处双滦区人民政府所在地的中心位置，坐落于国家著名的4A级旅游景区双塔山脚下，位于人口密集的双塔山镇滨河大街南侧。民族文化广场是双滦区自行设计、自行建设、自行监理的一座大型城市广场。始建于2002年5月，落成于同年9月，总投资800余万元，广场总占地面积33016平方米。广场的绿地草坪区17200平方米，娱乐活动区9120平方米，健身活动区4780平方米，花池630平方米，甬路1286平方米，演出舞台1000平方米。场内按功能共分为4个区：广场西侧的绿地草坪区，绿草如茵，名树荫翳，尽显自然风光之美。广场东侧的健身活动区，引进全民健身示范工程，配备了价值50万元的健身器材。广场南侧上千平方米舞台演出区，装备有大型LED显示屏一台，舞台南侧耸立4根花岗岩牡丹柱，意寓四季徐时，风调雨顺。广场中心是近万平方米花岗岩地面的娱乐活动区，东西两侧雄立6根华表，精雕细琢，型美意深，大展巧夺天工之妙，代表千年以来生息于双滦一带为社会发展做出贡献的契丹、奚、蒙古、满、汉、回等各民族；北峙5根云柱，寓五行有情，民运昌隆；广场正中有直径30米的大型音乐喷泉一座，喷泉中有直径3米、重60吨花岗岩金龙护日雕塑球一个，含义深刻，喻全区人民在党的领导下，携手托起明天的太阳；四周排列喷泉射灯4盏，喷泉彩灯60盏，高压喷头60个及各种彩灯、绿地灯、舞台灯近300盏。如今，双滦区民族文化广场已经成为一个为双滦区人民提供休闲、娱乐、健身的活动场所，受到了双滦区广大人民的一致好评。

嘉和广场　随着经济的发展，承德市新建了一些现代化商业广场。2012年新建的承德市嘉和广场位于迎宾大道黄金地段，毗邻市政府，是融合商业、居住、休闲多种功能为一体的现代化广场。嘉和广场交通便利，东侧为市政道路承下路，西侧是连接承德市区与京承高速的主干道迎宾大道，北侧为北空招待所用地，南侧为市公安局、检察院、法院用地。嘉和广场在规划中以环境生态为先导，充分利用了西侧武烈河和东侧群山景观资源，注重景观和空间的完整性；社区内园林风格与建筑风格和谐搭配，时尚大气，优美舒适，花坛、台阶、雕塑、植被、喷泉、流水等丰富的园林元素点缀园中；大型中心园林景观大大加强了小区的城市花园式社区环境特色；园林景观和绿化充分结合地形地势来进行设计，同时与水景、山景和园景层层结合，楼距宽敞，极致舒适。项目包含高层、小高层住宅和写字楼等多种产品，类型丰富；社区配套极为完善，有商业广场、大型超市、风情商业街、康乐会所、社区物业服务中心、社区医疗诊所、儿童乐园和大量、丰富的公共停车空间等，形成一个功能完整的居住社区空间，努力让生活更周到便利。紧邻迎宾大道，到市区仅5分钟车程，距京承高速入口8分钟车程，交通便利。

五、承德街区规划中的佛教美学

承德是一座历史名城，拥有深厚的文化底蕴，在城市化进程中，佛教文化同时也被留存下来。至今，在承德街区中依然可以见出佛教对于城市建筑美学的影响。承德外八庙建筑雄伟，规模宏大，反映出清代前期建筑技术和建筑艺术的成就。它位于避暑山庄的东面和北面，武烈河两岸和狮子沟北沿的山丘地带，共有11座寺院。因分属8座寺庙管辖，所以通称“外八庙”。这些陆续建于清代康熙和乾隆年间的建筑群，是清代喇嘛教的中心之一。

佛教对中国建筑的影响是十分深远的。印度的佛塔是死亡的艺术，佛教传入中国后在寓意上更为乐观，中国的佛塔将半圆覆顶的塔顶形式改造成了可以供人们凭栏远眺、登高赏景的楼阁。中国的佛塔改变了印度肃穆的色彩，但印度佛教中的一些因素仍旧对中国古建筑，尤其是江南建筑影响很深，比如解构因素、对残缺美的保留。“中国原有的文化观念，在建筑上表现出来，那就是形象完整，指代明确。也就是说，建筑物要么新建，要么拆掉重建，破破烂烂的建筑总是不美的。不同于西方的建筑观念，古就是古，残破也无妨，所谓‘残缺美’。罗马科洛西姆斗兽场残破了也是美的，维纳斯掉了胳膊反而更好看。然而塔是外来的（印度文化受西方文化影响甚大），所以小雁塔的顶上掉了二层也不难看。苏州虎丘塔不但破损，而且倾斜，也还是美的。建筑不但是一个应用对象，而且还表现文化，影响人们的观念形态，这一点我们不能不注意到。”① 而江南那些带有颓废色彩的建筑，是文人们涤除玄览体味生命的一种途径，这样的颓败感体现了文人们对生命更为圆熟的体验，如此超越生死边界的诗意人生似乎与佛教更为相契。颓败，非但没有变得孱弱，反而体现出一种大的勇气和智慧。

承德市狮子沟街区西起须弥福寿之庙，东至农机研究所附近的农田，北临普宁寺，南以狮子沟旱河为界，区内有普宁寺、须弥福寿之庙等国家重要文物保护单位。因为有这些古代寺院在内，为保留城区古貌，保护文化遗产。这一街区规划的思路是：根据风景资源和地理条件，该区的性质确定为以发展旅游服务业为主的乡镇，在严格保护文物古迹和景观的基础上，大力发展旅游服务业。规划区域内建筑风格的要求是小体量，青砖青瓦，一般不超过两层，尽量采取庭院式布置手法。

普宁寺是为纪念平定准噶尔割据势力于乾隆二十四年（1795）仿西藏的桑耶

---

① 沈福煦：《中国古代建筑文化史》，上海：上海古籍出版社2001年版，第103页。

寺而建。该寺位于避暑山庄北部武烈河畔，因寺内有一尊金漆木雕佛像，又称“大佛寺”。普宁寺综合汉藏寺庙建筑形式，规模宏大。该寺南半部为汉地寺庙的“七堂伽蓝”式布局，中轴线上依次分布着山门、天王殿、大雄宝殿等殿堂；两侧为钟鼓楼和东西配殿，南北长 150 米，宽 70 米。北半部为藏式寺庙建筑：以大乘阁为中心，周围环列着许多藏式碉房建筑物——红台、白台以及 4 座白色喇嘛塔。普宁寺正门，面阔五间，当中三间石刻拱门，象征“三解脱门”（空门、无相门、无作门）。大乘之阁内部分为三层，阁内矗立一尊金漆木雕千手千眼观音菩萨，高 22.28 米，腰围 15 米，重达 110 吨，用木材 120 立方米，是现在世界上最高大的木质雕像。像内是三层楼阁式的构架结构，中间为一根主木，四周组合许多根边柱，外钉衣纹占板密封，分层雕刻。佛像比例匀称，纹饰细腻，绘色绚丽，生动地表现了观世音菩萨的表情和神采，是我国雕塑艺术的杰作。佛教讲刹那即为永恒，时间沧桑迅疾，在转瞬即逝中找得安顿与栖息，应该也算是一种悟道吧。佛教讲空灵、自在，当人们在参观这些佛殿时，收拾悲喜，即得到了自在。

须弥福寿之庙仿西藏日喀则扎什伦布寺而建。须弥福寿是藏语“扎什伦布”的汉译，意思是像吉祥的须弥山那样多福多寿。寺庙位于避暑山庄之北，狮子沟北坡，建于乾隆四十五年。须弥福寿之庙自山脚顺山势向上延伸，气势雄伟。寺庙前部为汉族形制，后部为 100 层高的大红台是全寺主体，沿袭藏式风格。大红台中央是一座重檐大殿，名妙高庄严殿，俗称金瓦殿，是庙中最大的殿。殿顶用鎏金铜瓦铺盖，四脊上有 800 条金龙。大红台东南有东红台，西有吉祥法喜殿，为班禅寝殿，重檐歇山顶鎏金瓦顶。殿北有金贺堂和万法宗源殿，是班禅弟子的住处。寺庙北端建有八角琉璃万寿塔一座，塔高 7 层，用绿琉璃瓦砖砌成，饰以精致的佛龛，塔顶覆以黄琉璃瓦。结构秀美，色调古雅，突破了全庙的空间轮廓线，丰富了建筑群的艺术效果。寺庙的建筑布局依山势错落有致，金碧辉煌，十分壮丽，显示了汉藏两族文化交融的艺术成就。

第三节　承德街区与城市化进程中的现代诗意栖居

承德，曾以“热河”并称，明末清初时期称热河上营。热河，即古武列水，今武烈河。武列水北从波罗河屯（今隆化县）南流，顺避暑山庄东侧经上营、偏岭、雹神庙，在下营子汇入滦河。避暑山庄有温泉，所涌之水在上营东南与武列水汇合。从此至下营这段河因有温泉注入，故称热河。热河上营即今市中心区火神庙一带，热河下营即今大石庙乡庄头营子村，相间25华里。承德历史悠久，早在原始社会末期的新石器时代，我们的祖先即劳动、生息在这块土地上，这里曾发现的石斧、网坠、陶鬲等丰富的历史文物，就是先人们在这里劳动生活的遗迹。承德有深厚的文化底蕴，集中了皇家文化、古建筑文化、佛教文化和中原儒文化。1938年，伪满政府编制了承德历史上的第一个城市规划。规划范围北起普宁寺，南至飞机场（今世纪城小区），东以罗汉山、鳄鱼山为界，总面积16平方公里。1984年，第二版承德城市总体规划批准实施，这是承德历史上第一部具有法律效力的总体规划，规划期限为1984年至2000年。根据本规划，先后编制了承德历史文化名城保护等13项专项规划。1996年，第二版承德城市总体规划修改意见批准实施。城市定位为历史文化名城、国际风景旅游城市。2008年省政府批复《承德市城市总体规划（2008－2020年）》，其中对城市的现代化进程提出了具体的指导意见。

城市化这一名词由西班牙工程师瑟魅于1867年首先提出，中文通常译为“城市化”“城镇化”“都市化”，这一概念至少包含了社会学、人口学、地理学以及城市规划上的内涵。综合而言，城市化的内涵包含两个层次：物质的和精神的。“一是物化了的城市化，即物质上和形态上的城市化，具体表现在人口的集中、空间形态的改变和社会经济结构的变化。二是无形的城市化，即精神上的、意识上的城市化，生活方式的城市化，具体也可包括三个方面：城市生活方式的扩散；农村意识、行为方式转化为城市意识、行为方式的过程；城市市民脱离固有的乡土式生活态度、方式，采取城市生活态度、方式的过程。”①

城市发展速度空前。随着科技和经济的发展，20世纪的生态危机则警示我们，人类再也没有可能仅站在客观的立场上来研究生态系统了，而必须把自己也放进生态系统内，以全面正确地评估和界定人类在整个地球生态系统中的作用与影响。②这种理念和中国古代的天人观是相类似的。随着现代文明的发展，随着工业化进程在城市的展开，如何诗意栖息，如何与自然共处，是我们人类需要反思的命题。这一命题本来是古典的，是对于古典美学的一次回归，是让人类重新拾回对自然的敬畏之心。在古典美学中，“灵晕”是至关重要的，它拉开了人类

---

① 王浩、王亚军：《生态园林城市规划》，北京：中国林业出版社2008年版，第5页。

② 周膺、吴晶：《生态城市美学》，杭州：浙江大学出版社2009年版，第2页。

与审美对象的距离，限制了人类的占据之心。所以，我们是时候应该回忆和沉思一下本雅明笔下的灵晕（灵光）思想了："我们可以把它（灵光）定义遥远之物的独一显现，虽远，犹如近在眼前。静歇在夏日的正午，沿着地平线那方山的弧线，或顺着投影在观者身上的一截树枝——这就是在呼吸那远山、那树枝的灵光。"①

一、城市现代化进程中的古典美学情趣

国际美学学会主席阿诺德·柏林特讲到："作为一种古老而丰富的文明，中国有着悠久的环境意识和环境兴趣。现在，不但有必要在中国教育机构中更加广泛地传播这种知识，而且有必要将之传播到西方国家中去。"中国古人讲究在自然中修身养性，心境澄澈了，然后方可以与自然为友，实现天人相沟通。南朝著名山水画画家宗炳提出了"含道应物，澄怀味象"的命题：

> 圣人含道应物，贤者澄怀味象。至于山水，质而有趣灵，是以轩辕尧孔，广成大隗，许由孤竹之流，必有崆峒、具茨、藐姑、箕首、大蒙之游焉。又称仁智之乐焉。夫圣人以神法道，而贤者通，山水以形媚道，而仁者乐，不亦几乎?②

这个命题不仅是一个创作山水画的画论命题，而且是自然审美的一个典型命题。这样的审美思想深受魏晋玄学的影响。自然是有"趣灵"的，人们首先通过含道澄怀，获得审美心胸后，才能感受自然的美景，体味到深沉的宇宙意识和生命情调。这是一种环境欣赏的冥合模式，也是中国古代美学特有的欣赏模式，简单说即是"神游"。通过"心斋"、"坐忘"达到"心凝神释，与万化冥合"，方能进入超越存在的"神游"欣赏模式。另外，"含道应物"的过程也是在自然中直接感兴、瞬间直觉的过程。感兴和顿悟是中国古代哲学的一个特征，也是古典文学的最本质特征。

承德这座城市风景秀美、环境宜人，拥有避暑山庄这座历史悠久的皇家园林。毗邻山庄而建的丽水小区以"自然山水、中式大宅"作为居住理念。丽水小区位于承德市双桥区喇嘛寺村，临近避暑山庄，毗邻武烈河水景，并且能够借得磬锤峰的自然旖旎风光。该小区以中式建筑为主，以灰白色为主色调，多为四

---

① ［德］本雅明：《迎向灵光消逝的年代》，桂林：广西师范大学出版社 2008 年版，第 63 页。

② 陈延嘉等：《全上古三代秦汉三国六朝文·全宋文卷二十》，石家庄：河北教育出版社 1997 年版，第 204 页。

五层小高层式的建筑，与山庄环境相协调，楼房顶部的飞檐设计灵动而朴实。飞檐是中国建筑独有的特点，是中国木结构建筑中独特的梁柱架构技术“斗拱”的产物。飞檐伸出墙外，产生将屋顶轻盈地掀起的视觉效果，造出一种“器宇轩昂”的气势。丽水小区的设计整体看来颇具江南古韵，同时，这样的设计也符合现代西方美学的观点：人们把他们自己以及周遭的环境看作是艺术的对象。这是一种日常生活审美化的实现。这如同中国古代人们的审美趣味，即通过在自然中游览达到怡情适意：“花鸟泉石，领会无余。每适意时，相羊小园，殆觉风景与人为一。”自然界的月色湖光成为具有抒情性的文学意象。如苏轼的《定风波》：“莫听穿林打叶声，何妨吟啸且徐行，竹杖芒鞋轻胜马，谁怕？一蓑烟任平生。料峭春风吹酒醒，微冷。山头斜照却相迎。回首向来萧瑟处，归去，也无风雨也无晴。”①

二道牌楼历史文化街区规划占地面积22.2公顷，位于西大街中部。这是一段老城区，文物古迹比较集中。西大街原是御路的一段，保留有大量的历史文化遗产，二道牌楼街区承载了西大街的历史文化和风俗人情。御路从大范围上来说，是以前皇帝每年从北京往返于承德之间的路段。御路在承德这一段，可以按照3个牌楼分为3个区域：第一道和第二道牌楼间为行政区，这里机关林立，像文庙、监狱、书院，等等；第二道和第三道牌楼间为商业区，这里云集着像义盛祥、东兴和、德记的老字号；第三牌楼到山庄之间这一区域多为官邸，像刘墉大院、和珅大院、纪晓岚大院就曾在这一块儿。如今，一些古迹业已消失，昔日的繁华成为历史的记忆。从2013年起到2030年，承德市拟通过修复历史建筑和文物古迹，使这一片街区重现历史文化老街景象。

这片街区内文物古迹众多，具有较高的历史价值、文化价值、艺术价值和旅游经济价值。在对于类似二道牌楼这样的老城区的规划中，要注意历史文化的传承，突出它的文化价值，注重文物的保护与古迹的修复。在这片古街区中既保存了中国传统道家文化，对于儒家的政教文化传统也有所弘扬。该街区内有国保单位城隍庙，是一家风格有别于外八庙的道教寺庙。另外，文庙也在二道牌楼街区，属于市级保护单位。承德文庙是清代陪都祭祀孔子之处，与北京、曲阜孔庙齐名，在当时也是承德府及所属州县的教育中心，承担了重要的政治、文化功能。上世纪60年代，承德文庙遭到彻底性破坏。2007年承德文庙开始了复修工程，2011年6月开始接待游客。修复后的热河文庙占地面积16700平方米，建筑

① 李长路等编：《全宋词选释》，北京：北京出版社1992年版，第95页。

面积约4600平方米。文庙正门为棂星门，然后是泮池，经过泮池和石桥便来到大成门。经过大成门映入视线的是碑亭，其后是大成殿，殿中供奉至圣先师孔子之神位，旁有四配享复圣颜子、宗圣曾子、述圣子思、亚圣孟子以及从祀十二先哲闵子骞、丹伯牛等。大成殿前两侧的东西配庑各为11间，内供历代先儒牌位。街区内的道台衙署属于区保单位。道台衙署设立于热河道署是乾隆五年（1740）。此外，街区内还有承德市确定的第一批历史建筑——市住建局和安定里检察院、司法局办公楼，这些建筑于1953年建成，原作为热河省公安厅的办公楼。

另外，这一片古街区在恢复原貌的同时，还应该注重生态绿化，展现出城市新姿。承德市城市规划局规划将二道牌楼街区建成既具有古典典雅风格，同时又具备现代美感特征的花园式生态街区。如城隍庙周边的建筑采用传统的院落式布局，利用建筑的围合形成内向安静的院落环境，院落的建设宜借鉴传统的造园手法，以假山、水池营造庭院环境，以质朴典雅为主要风格，营造出安宁、幽静的气氛。依据承德市绿地系统规划和《城市绿地分类标准》，该街区内部的绿地系统主要由防护绿地和附属绿地两部分构成。该街区的生态建设应该能够和周边建筑很好地融合在一起。街区内的植物配置宜符合历史风貌的要求，与环境协调。二道牌楼街区目前仍旧承担着政治、交通、旅游、文化、商业等重要功能。城隍庙与碧峰门民俗街相衔接，街区功能也与碧峰门相似，主要以满足普通的旅游住宿、商务接待和餐饮为主。

二道牌楼街区在未来的规划中设计成民俗风情街。这一段街区的建筑主要以清代、民国时期的建筑风格为主，楼层不宜过高，避免出现摩天大厦式的建筑，以免破坏整个街区古朴的美学风格。一些以往存在过的王公名臣的故居，宜依据历史原貌加以修建、完善，并成为历史文物加以保护。街区内的商铺也最好依照旧貌恢复以往步行街的繁华与历史感。在对城市交通不造成影响的情况下，在这一段街区可以选择次繁华路段修建一段步行街，用青石砖铺路面，打造一种清代的艺术风格。同时步行街内配以一定的雕塑、石凳、石桌、花坛等，古朴优雅的清式步行街一定会带来商业与旅游业的繁荣。这一段街区的规划可以参照近邻天津市内五大道和步行街的设计经验。

二、城市化进程中的人文生态

人们的田园理想心理根源来自于弗洛伊德所讲的“白日梦”。弗洛伊德在《精神分析引论》中说，精神领域里产生的白日梦与传统的“居留地”和“自然公园”是完全对应的。在这些地方，农业、交通或工业的侵蚀可能会很快……使地球变得面目全非。“居留地”本来是要维持事物过去的状态，但很遗憾，总是为了某种其他的必要性而作出牺牲。在“居留地”里，种什么都可以，怎么铺排都行，只要喜欢，甚至可以容留无用乃至有害之物。白日梦的精神领域也是这样一块从现实原则的侵蚀中开垦出来的居留地。

《庄子》中也有一段非常精彩的“白日梦”：

> 昔者庄周梦为胡蝶，栩栩然胡蝶也，自喻适志与！不知周也。俄然觉，则蘧蘧然周也。不知周之梦为胡蝶与，胡蝶之梦为周与？周与胡蝶，则必有分矣。此之谓物化。①

这样的“白日梦”来自于道家关于万物同一、物我互化的认识。道家讲人与自然和谐相处，认为宇宙间有四大，人居其中之一，道是纯任自然的。《老子》中言：“故道大，天大，地大，人亦大。域中有四大，而人居其一焉。人法地，地法天，天法道，道法自然。”庄子认为万物是平等的，他在《齐物论》中讲到：“天地一指也，万物一马也。”整个自然界不论存在多少要素，但作为要素而言却是一样的，各种事物不论存在多少具体物象，但作为具体物象而言也都是一样的。古人悠游自得地生活在自然中，物与我各得其所，达到一种均衡：“是以圣人和之以是非而休乎天钧，是之谓两行。”

在文学作品中，自然经常被提及。“自然”仿佛是一个不可避免的母题，在文学作品中被表现出来。这说明了“自然”正是人们的一个梦想，一种类似于“白日梦”的乌托邦情怀。如同“言意之辨”一样，文学与自然之间也是二元的关系。对于“言意之辨”总结得最清楚的是三国时期的玄学家王弼，他在《周易略例·明象》中指出：“夫象者，出意者也；言者，明象者也。尽意莫若象，尽象莫若言。言生于象，故可寻言以观象；象生于意，故可寻象以观意。意以象尽，象以言著。”中国古代文人很早就意识到了话语与世界之间的区分，对于文学表现世界的明晰程度存在着一种怀疑和焦虑。如陆机在《文赋》中说：“夫放言遣辞，良多变矣。妍媸好恶，可得而言。每自属文，尤见其情。恒患意不称物，文不逮意。盖非知之难，能之难也。”

文学不能真正与世界成为同一。古巴小说家阿利奥·卡彭提埃在《失步》中讲述了这样一个故事：作曲家在委内瑞拉一个偏远乡村发现了一个原始世界，这次远足唤起了他脑海中的音乐灵感。在作曲家意识到自己迫切需要回家拿纸记下音符之后，却没能成功地找到返回那个原始世界的路。这个故事以优雅的方式

---

① 庄子：《庄子》，黄山：黄山书社2005年版，第19页。

表明了自然与话语（或文学）之间难以克服的二元区分。①

人类与自然的二元关系不是简单的对立，如同《诗经》中所言："蒹葭苍苍，白露为霜。所谓伊人，在水一方。溯洄从之，道阻且长。溯游从之，宛在水中央。"人类追寻对于自然的认知与理解，追求与自然和谐、融通，这是一个无限接近而永远无法到达的路程。正因为如此，人类对于自然存在着敬畏。人类对于自然有着天然的依从，这在中国古代的天人观中表现得尤为明显。道家思想认为天地运行有常，人与物各自有其本性，应随顺其性，尊重自然规律：

> 夫子若欲使天下无失其牧乎？则天地固有常矣，日月固有明矣，星辰固有列矣，禽兽固有群矣，树木固有立矣。夫子亦放德而行，循道而趋已至矣。②

文学作品中体现出来的对自然的尊重与向往正是体现了一种人文情怀、美学情愫。同样面对一片树林，经济学家看到木材的经济价值，植物学家研究树木的种类、生长期等，而艺术家则看到它的美的价值。在实际生活中，尤其是城市建设过程中，也许我们缺少的正是艺术家的这种无功利的美学情怀。人们对于美的鉴赏来自于想象力（介于感性与理性之间的知性范畴，并与直觉密切相关），所以美感是超越功利目的的一种愉悦感。城市建设的美感来自于布局合理，使人感到身心愉悦。而最恰当的布局是人工的天然，就是应该贴近自然，出于人工而忘却人工。这样的城市环境的成功建造，不仅不会给人以刻板和整齐划一的感觉，反而能够彰显出优雅迷人的风度。

在当今的全球化时代下，生态环境问题也已经引起不少文学家的关注。亨利·大卫·梭罗作为当代生态美学的先驱，在《瓦尔登湖》中提出了"万物有灵"的生态观，"灵"不只指抽象的精神或者衍生精神的"道"，而是指具体的生命，花草树木有其生命，飞鸟鱼虫有其生命，万物都有其生命。他的观察不只是感性的欣赏，还有理性的科学意识。他将自然分成湖泊、飞鸟鱼虫等独立个体作为审美对象。梭罗的生态思想产生于现代工业文明时代，是对人们破坏自然生态的理性反思。梭罗在受欧洲浪漫主义的影响的同时，也汲取了古老东方儒道哲学的精华，强调回归自然。他热爱自然，将大自然视为朋友，他这样写道："一个湖是风景中最美、最有表情的姿容。它是大地的眼睛；望着它的人可以测出他

---

① ［美］劳伦斯·布伊尔：《环境批评的未来－－环境危机与文学想象》，北京：北京大学出版社2010年版，第37页。

② 庄子：《庄子》，黄山：黄山书社2005年版，第143页。

自己的天性的深浅。湖所产生的湖边的树木是睫毛一样的镶边，而四周森林翁郁的群山和山崖是它的浓密突出的眉毛。”①

作者渴望在大自然的怀抱中与自然进行心灵的对话，在全球背景下，瓦尔登湖成为人与自然和谐共存的一个典范。梭罗的理想就是让人通过回归朴素的方式逃离高度商业化、高度发达的物质文明，从而在大自然中重新寻回自我，平衡物质精神的生活，在人与自然的和谐中重新找到人们生活的意义。所以，梭罗同样希望以一种“返朴论”的角度帮助人们能简化物质生活，回归自然，重获精神自由。

现在，我国已经发展到了必须加快推进生态文明建设的阶段。生态文明建设是加快转变经济发展方式、实现绿色发展的必然要求。要立足我国基本国情和发展新的阶段性特征，以建设美丽中国为目标，以解决生态环境领域突出问题为导向，明确生态文明体制改革必须坚持的指导思想、基本理念、重要原则、总体目标，提出改革任务和举措，为生态文明建设提供体制机制保障。

在现代城市建设中，人类一直具有一种“花园情结”。花园象征的是田园式的理想生活，展现出自然万物自足之美。在城市建设中融入人文关怀，才能打造出生态人文的现代化城市。在城市建设中要建立起人与环境和谐共处生态关系，另外还要注重城市的历史文化维度，这主要体现在古迹、建筑等人文景观中。比如承德市内的二仙居桥，相传是在清朝乾隆三十六年（1771）建造的，当时清政府拨款疏浚河道修堤建桥，新中国成立后又重新修建。据说在清康熙年间，桥北端有一酒家名“二仙居”，供和合二仙，取和气生财之意，名气甚大。以后有桥，即取名“二仙居桥”。像这样具有历史感的古迹在城市规划中应该被保护和修缮。二仙居街区的建设注重人文理念。本项目位于河北省承德老城区，规划用地位于承德市二仙居旱河南岸，范围为西临潘塔路，东接中兴路，北起二仙居旱河南岸河坝线，南至二仙居旱河南路。

二仙居旱河现沿岸已形成近 5 万平方米的水环境和 7 万平方米的景观绿化带，仿古步行街建设已全部完工。新旱河围绕排洪及景观的兼顾统一，重点打造“五段十景”，其中二仙居桥西侧以“祥云仙居”为主题的景观带已向市民开放。五段包括武烈河入河口至通济桥段、通济桥至市医院新桥段、市医院新桥至四人沟桥段、四人沟桥至头道沟段等。二仙居街区的设计理念定位为历史文化主题：以承德避暑山庄所展现的皇家文化为主脉络，以民间文化为辅；通过整理收集清

---

① ［美］梭罗著、徐迟译：《瓦尔登湖》，上海：上海译文出版社 2004 年版，第 174 页。

代各帝王以及承德避暑山庄的兴起、鼎盛、衰落时期的事件及典故和传说，将清朝皇家文化、地方民俗文化融入其中，让游客来到这里感受到更多的文化气息。

二仙居街区依托场地滨水自然资源，整合区域商业设施，打造以商景共融为特色，以文化、休闲为灵魂的滨水生态文化公园及特色商业街，成为外地游客及本地居民文化体验、休闲游憩、商业购物的首选之地。街区的设计在用地范围沿河布置了6幢小型商业建筑，坐落于景观内，结合优美的公园景观形成了建筑、绿地、广场、游步道为一体的休闲购物游览空间。在3个城市道路交叉口位置设置地下商业的入口广场及通道，商业街南北均设计步行交通体系，不但可以良好保证地上地下的商业空间可通达性，同时也作为旱河沿岸的重要休闲游览交通系统。街区中的建筑以仿古为原则，同时又不失现代感。建筑立面基本使用传统材料和传统建筑肌理，在适当的位置使用门头等传统建筑形式与元素，配合特定地点的历史环境。尺度与传统尺度相协调，多层建筑划分为更小尺度材料，以混凝土、石材、砖、涂料为主，避免大面积使用玻璃及金属材料。色彩以灰色为主，辅色调变化较多，以减小单一色调面积，削弱建筑的体量感。符号适度使用传统建筑语汇，结合承德新清式建筑语汇。这样的街区设计，真正体现了人文、生态与城市的融合。

三、承德街区现代化进程的个案研究

1. 铂悦山商业——生活园区

在承德大学城师范学院东侧，一座融商圈和生活园区为一体的新型小区正在修建之中——铂悦山小区。该小区的设计是很现代化的，它的理念是打造现代都市中的高品位生活，以高层和别墅建筑为主。该小区位于即将建成的高铁附近，属于枢纽位置。在这样的位置建设的小区，一定是商业化的、现代化的，以适应快节奏的生活、为居民和往来游客提供方便为旨归。周边预设的配套设施也很全面，包括停车场、超市、商场、酒店等。已经在秦皇岛建成的铂悦山小区，毗邻燕山大学、河北科技师范学院、燕大附中，周边有医院、银行，而且临近公园和植物园，是一座非常方便、舒适的现代化生活园区。

承德铂悦山小区设计位于大学城东南侧，北至烟草办公大楼，南邻京沈高铁承德站，西临河北民族师范学院、承德一中，东临阳光四季城，与我们的母亲河“滦河”近在咫尺。山水环抱，环境优雅，空气清新，氤氲人文气质。正所谓择地要依山傍水为上选；得水势者富，得山势者贵，两者兼得自然富贵。铂悦山周边配套设施齐全，临近承德公益性体育场馆——奥体中心、宽广超市、宜家旺商场、多家银行及正在建设中的承德附属医院分院、五星级酒店；毗邻科技大厦、出入境检疫局、中国移动、广通公司、烟草局、地税局等企业单位。铂悦山总占地406亩，总建筑面积约45万平方米，产品形态丰富，项目规划具有规模优势，独栋商业、企业会所、公寓、洋房、小高层集群，为多元化一体的城市门户级综合体。铂悦山的理念是打造舒适的艺术生活园区，将人性化建筑、阳光、空气、绿地集为一体，有生活、有美、有艺术。

2. 碧峰门民俗文化街区

碧峰门文化街区位于避暑山庄附近，既保留了古街的风貌，又融入了现代化发展模式，是一个旅游、文化、商业型综合街区。根据承德市政府“南扩、西进、北延、中疏”的城市发展战略和“五区三带”组团式的城市发展模式，城区老商圈的发展将把“山庄文化、民族风情、时尚购物、休闲娱乐、观光旅游”等主题融为一体，建设集“食、住、行、游、购、娱”六项功能为一体的北方休闲之都。目前，承德正以避暑山庄和外八庙景区周边环境整治为核心，着力拆旧、拆陋、拆违，将文化遗产周边不相协调的建筑进行拆除改造，并依托避暑山庄及周围寺庙，将丰富的自然、人文资源转化为能够打动人心的休闲旅游产品，形成皇家文化、佛教文化、民俗文化、商业文化相结合的休闲旅游产业体系，精心打造皇家文化“旅游走廊”，有重点地恢复文庙、道台衙署、热河老街等古建筑，传承历史文脉，还原古城风韵，营造浓厚的皇家文化氛围，形成“皇家游”品牌。碧峰门民俗文化街就是在此背景下孕育而生的项目，此项目顺应政府规划与战略，是承德市重点旅游项目之一。项目自规划立项时起就得到了各级相关政府部门的大力支持。碧峰门民俗文化街以本地客源为主，同时吸纳游客，满足不同层次的消费需求。呈现避暑山庄皇家文化新的演绎，以娱乐、休闲、养生为主题，打造项目业态核心竞争力，进行科学的业态组合，将中高品牌特色餐饮、时尚休闲餐饮、时尚精品专卖、旅游文化产品、商务会所、特色休闲娱乐相融合，打造承德生活文化新地标。

目前，承德市围绕碧峰门街区打造避暑山庄民俗文化园区。该建设项目紧邻避暑山庄，处于承德旅游中心城核心区，是文化、历史与经济发展的交汇点，更是旅游民俗文化商业产业的展示中心、体验中心和消费中心。项目东起碧峰门东街，西至小榛子沟，北达碧峰门路，南至新建居民区，东西长约1公里，规划用地4.8万平方米，建筑总面积6.5万平方米，总投资3.98亿元。该文化园将全面整合热河道署、城隍庙、西大街文庙历史文物资源、非物质文化遗产资源和现代旅游服务业，融合皇家与民俗、传统与现代、中国与国际等多种经典文化要素，建设集文化产业与休闲旅游服务产业为一体的大型文化主题园区，形成承德民间文化符号特征和现代休闲娱乐的特色产业带，同时作为传统庙会活动和非物质遗产传承、推介、演示及民间展示基地，成为承德市未来城市生活重要文化参与和娱乐休闲场所之一。“避暑山庄民俗文化园”将依据承德文化产业园区资源分布特征和未来发展需要，通过对接北京及周边城市游客需求，全力塑造文化、旅游、服务业承德民俗文化旅游新品牌。“避暑山庄民俗文化园”以“民俗、民粹、民风；传承、品味、欣赏；体验、参与、互动”为主题，以“庄外桃园、文化休闲”为定位，塑造“承德民俗”文化旅游形象。“承德避暑山庄民俗文化园”将充分挖掘以“承德民俗”为核心的系列文化体验区、民俗百艺展销区、皇家御苑餐饮服务区、皇家星夜娱乐区、中华小吃 5 个子项目，实施品牌战略，全面提升承德民族民俗文化品牌的核心竞争力。

碧峰门街区目前还没有形成商业环境氛围，大部分的商业以小门店为主，综合性商业有较大市场空白。商业业态不完善，且规模小、档次低，仅能满足居民日常基本生活需要。碧峰门区域亟待建设一个集娱乐、休闲、养生、购物为一体的商业综合体，来完善该区域人群的综合性消费，需要中高层次的商品来满足有经济实力人群的需求。碧峰门民俗文化街抓住这历史契机，建设了一个集娱乐、休闲、养生、购物为一体的高品质、综合性的商业综合体，促进了该区域的经济增长，提升了该地区的商业形象。碧峰门区域作为大型生活居住地，市场前景广阔，中档消费能力人群占大多数，家庭人口多为 3 至 6 人，家庭中一般有老人或小孩。其次该区域具有一定经济实力的消费人群数量可观，并会带动此区域向高档、时尚类消费发展，倾向于品质化、专业化的消费，并会逐渐形成以家庭为单位的消费特点。每年上千万的游客也为项目带来了巨大的市场空间。在商品结构方面，承德市几个主要大型商场在品牌配比和品牌引入上有很大的滞后，各类商品品牌号召力不足。从商品价格结构的情况来看，价格与其他城市同类品牌比也普遍偏高，优惠力度较小。存在此问题的关键点在于承德区域的批发商、代理商较少，竞争机制不够完善，竞争力度不够，所以形成各商场同类商品的区域规模小，在业态配比与品牌配比上缺乏竞争性与差异化。碧峰门民俗文化街在产品定位与选择上就立足未来市场，在商品结构与商品品牌上进行差异化与品牌化选择，完善商品结构，以品牌效应带动经济发展。

3. 鼎盛王朝文化产业园

鼎盛王朝文化产业园区位于承德市双滦区。着眼于建设承德市国际旅游城市核心区的发展定位，按照“体现历史价值、文化价值、经济价值；尊重自然、保护生态、传承历史、延续文脉”的理念，双滦将区内环元宝山、双塔山92平方公里区域作为“21世纪避暑山庄”文化旅游产业园区范围，着力发展文化创意、休闲度假、会议会展、体育运动等四季游型休闲旅游项目，倾力打造与世界文化遗产避暑山庄及周围寺庙遥相呼应、互为补充、现代的、动态的、活化的“21世纪避暑山庄”。该文化产业园作为河北省“十二五”文化产业振兴规划的30个重大文化产业项目之一，是“21世纪避暑山庄”文化旅游产业园区文化创意子园支撑项目。该园总投资20亿元，规划建筑面积33万平方米，涵盖了鼎盛王朝大型实景演出、鼎盛乐园、鼎盛大剧场、鼎盛马文化主题乐园、鼎盛国际会议会展中心、鼎盛红酒俱乐部、鼎盛冰雪世界、艺术馆、书画院等10个子项目。其中，《鼎盛王朝·康熙大典》大型实景演出2012演出季已于10月7日完美收官；投资2.7亿元的鼎盛马文化主题乐园是中国北方最为专业的马文化表演、体验、观赏的马文化主题性公园，拥有中国最长的马道，目前正在进行深化设计；投资6亿元的鼎盛乐园主场馆建成后，将成为华北地区的新的地标性建筑；投资1.5亿元的鼎盛书画院将于2015年年底投入使用。到2015年底全部子项目建成后，将实现年产值5328.52亿元，利税16843.13万元，解决就业2600人，不仅成为承德重要的文化产业交流场所和行游中心，同时将成为环渤海经济圈具有地标性特点的独立主题性园区。

目前，园区已委托北京达沃斯旅游规划设计院编制完成了规划，构建了文体休闲区、城市综合休闲区、生态涵养区、文化创意区、行政商务区、生态度假区、滨河生活游憩区七大功能分区，总投资186.8亿元，规划设计项目36个。其中，“21世纪避暑山庄”文化旅游产业园区共完成投资11.62亿元，《鼎盛王朝·康熙大典》大型实景演出、行宫五星级大酒店一期、元宝山国际滑雪场等项目建成投用，均填补了承德市文化旅游产业的空白，对推动承德市乃至河北省文化产业大繁荣、大发展起到了排头兵作用。承德鼎盛文化产业投资有限公司已被正式获批为第五批国家文化产业示范基地；“二十一世纪避暑山庄”文化旅游产业集聚区被评为河北省“十大文化产业集聚区”。

本章结语

街区的规划与设计是承德城市化中建设山水园林城市和国际旅游城市的重要内容。承德是一座生态资源丰富的城市，运用生态美学的视角，结合城市历史发展与现状来规划承德街区，是契合时代发展的重要方法。

在城市化进程中，不同的街区就要担当起不同的使命和作用。承德老城区伴随避暑山庄建造，要反映承德独特的山形水势，根据中国传统山水园林设计思想规划，形成具备清代盛期建筑风貌的北方山水城市。西大街保留了古城区的历史风貌并展现民族特色风情。工业型城区如双滦，担当着城市经济支柱的角色。高新技术开发区、大学园区则担当起引领城市经济起飞与发展城市教育事业的功能。

总之，承德市的街区规划应该以生态美学为视角，在规划街区时，因地制宜充分利用环境的优势，注重利用山川河流的自然美；结合城市的历史文化，彰显城市街区的建筑美与艺术美；既注重老城区的保护与修复，也发展新型街区，在推进城市现代化的进程中，真正实现现代都市人的诗意栖居。

第四章　承德生态旅游产业规划

第一节　避暑山庄文化产业现状分析

作为我国“四大名园”之一，首批国家5A级旅游风景区，避暑山庄久负盛名。而其1994年入选“世界文化遗产”，更是获得了国际声誉。毋庸置疑，作为一份厚重的“文化”遗产，避暑山庄的丰富、博大、深邃令人神往不已，值得深入研究。在方兴未艾的旅游浪潮中，承德人以高度的历史责任感、敏锐的商业眼光和宽广的文化情怀，对避暑山庄进行了精心保护和产业开发，取得了令人瞩目的成就。“中国十大经典景区”“中国最佳文化休闲胜地”“金足迹十大旅游目的地”“金萍踪十年夜旅游目的地”“中国百强景点”等，这些桂冠的取得充分体现了避暑山庄文化产业开发的喜人局面。然而，由于历史和现实的诸多原因，我们对山庄文化的理解还有待深入，产业化带来的一些弊端也日益凸显，尤其是在旅游产业百花齐放的今天，如何进一步凸显山庄的特色，这些都是繁荣背后亟须思考的问题。

避暑山庄

避暑山庄是承德生态旅游的金字招牌，是城市形象的内涵所在。所以，在讨论承德文化产业规划时，应以避暑山庄为中心，并辐射其他相关领域和产业，如此方能提纲挈领，把握住承德文化产业规划的正确方向。在前几章中，我们以生态学视角抓住承德生态城市建设过程中的交通规划、河道规划、街区规划等具体问题作了阐述。其中，已或多或少涉及有关避暑山庄的生态开发问题，但多数是局部分析、点到为止，没有从一个宏观的视野将避暑山庄作为一个整体的文化场域来观照。本章将从游览者接受的角度分析避暑山庄自然生态的特质，进而透视其内蕴的文化特质。尤其是要努力揭示在当今的旅游文化语境中，我们应如何更有效地开发避暑山庄的资源，才能满足游客独特的文化心态，使避暑山庄走上一条更加宽广、长远的产业化之路。

一、避暑山庄皇家文化开发的错位

作为现存规模最大的皇家园林，避暑山庄独特的自然生态决定了其具有区别于故宫、颐和园和江南私家园林的独特文化品质。然而长期以来，产业规划者很少对其有清醒的认识，往往想当然地将与其相关的各种因素附加其上，以招揽游客。这种做法却使“山庄”失去了其应有的特色，定位的错置使游客很难感受到“山庄”特色之所在，这也就是所谓“灯下黑”的文化困境。这盏使避暑山庄的皇家文化遮蔽于黑暗中的“灯”，无疑就是北京故宫。

避暑山庄皇家文化的错位有其客观的历史原因。众所周知，避暑山庄在康熙、乾隆时期臻于鼎盛，而自嘉庆以后的百余年则随着国运一起日渐颓败，少人问津。再加上偏居一隅，社会动荡，使得这一清王朝遗留下来的庞大文化遗产一直停留于耳闻，很少真正进入普通人的视野。至于其成为旅游文化青睐的对象，则更是上世纪90年代以后的事情。正如余秋雨在其名作《一个王朝的背影》中所言，“承德的避暑山庄是清代皇家园林，又称热河行宫、承德离宫，虽然闻名史册，但久为禁苑，又地处塞外，历来光顾的人不多，直到这几年才被旅游者搅得有点热闹。”所以，客观地讲，避暑山庄所获得的声望和关注度与北京的皇家园林、江南私家园林相比，仍有不小的距离。

当人们有机会以文化产业的眼光审视这座皇家园林的时候，又为其独特的建筑风貌所迷惑，无法理清其独特内涵。在我国的园林中，避暑山庄是一个极其独特的存在。避暑山庄天然就散发着浓郁的皇家文化气息，在清代，山庄是仅次于紫禁城的第二政治中心，但其建筑风格却与通常意义上的皇家气派不同。康熙、乾隆这两位统治时间最长、业绩卓著的皇帝，都曾将山庄作为避喧听政之所，许多影响历史进程的重大决策是在这里做出的，山庄本身的选址和营建有其深厚的政治背景。对于多数游客而言，对皇家生活、皇族气派的好奇和兴趣则构成了绝大多数游客的内在冲动。然而，这一冲动已经在北京故宫得到了充分印证和满足。正如有学者指出的，“通过定性和定量的调查，我们了解了在游客心目中故宫最突出的旅游资源是什么。首先，代表皇宫建筑和生活的三大殿乾清宫、坤宁宫、御花园的参观率和支持率都是最高的，参观率分别为99%、100%、92%；支持率分别为87%、74%和75%。游客对皇家的生活方式非常感兴趣。来故宫了解帝王家的生活是游客的普遍希望，同时故宫又是最适宜展示帝王生活的场所。”① 可以说，这一心理对于避暑山庄的游客而言也是一样的，而且紫禁城的皇家气象已牢固而深刻地模塑着人们对避暑山庄宫殿的想象。如果我们带着紫禁城所传递的印象和余兴——宏伟的建筑、严整的格局、肃穆的氛围来游览避暑山庄的话，恐怕将出现文化心理的错位。作为一座供皇帝消暑休闲的宫苑，山庄建筑力求体现淡泊素朴的风格。古朴的风格与皇家气象的“错位”，也曾使余秋雨颇感“疑惑”，他说：“把复杂的政治目的和军事意义转化为一片幽静闲适的园林，一圈香火缭绕的寺庙，这不能不说是康熙的大本事。然而，眼前又是地地道道的园林和寺庙，地地道道的休息和祈祷，军事和政治，消解得那样烟水葱茏、慈眉善目，如果不是那些石碑提醒，我们甚至连可以疑惑的痕迹都找不到。”的确，“为了使之与苑的建筑格调相和谐，除了保持宫殿建筑群的基本形制外，体量较紫禁城建筑群小，并吸收了北方民居四合院的许多特点，以适应日常生活的需要。其装饰较简朴，素瓦灰顶，色彩淡雅，与整个‘山庄’情调相协调。”② “淡泊敬诚”殿、“烟波致爽”殿、“十九间房”等主体建筑，在外观上全无紫禁城的威严气象，更像农家村舍。其内部陈设亦非故宫的富丽堂皇，更多的是温馨、淡雅。

“淡泊敬诚”殿与“烟波致爽”殿

① 纪彭：《故宫博物院作为世界级旅游胜地的挑战与机遇》，《北京联合大学学报》2005年第6期。
② 张勃：《北京的皇家园林》，北京：光明日报出版社2004年版，第133页。

固然，这些与其“山庄”之名是契合的，但与普通游客心目中所构想的帝都风范并不一致，其原来的文化心态却承受着某种改塑，甚至失望。自然生态与文化心态的这种背离，必然给游客带来某种“不适”。然而长期以来，对山庄的文化产业开发却一直模糊了生态与心态之间的这条裂隙。在物质利益的驱动下，在故宫皇族文化所造成的“影响的焦虑”面前，“山庄”产业的开发者无力对自身的文化特质做深入思考，更多的是借助已有的文化宣传口号，将诸多带有猎奇性质的、关于皇家的文化想象附加其上，以期迎合多数游客潜在的文化心理。显然，这一做法没有给予“山庄”以清晰的定位，没有对“山庄”和紫禁城之间的异同做出厘清，这是山庄文化产业开发无法深入的根源。在这一意义上，对避暑山庄做文化产业开发，绝不仅仅是一个经济学问题，更多的是一个文化问题。不对山庄的文化特质有更清晰的认识，就不可能找准产业开发的核心资源，自然也打不出足以让游客耳目一新的品牌。久之，在这一同质化、模糊化的文化迷雾中失去其应有的文化优势。

二、避暑山庄园林文化定位的模糊

避暑山庄园林景区独特的生态环境和取景方法，使其与北京的皇家园林和江南私家园林又构成了差异，这也导致其自身文化定位的模糊。这里讨论的则是占避暑山庄面积五分之四以上的自然生态园林区，包括湖区、平原区和山区。当然，前面提到的宫殿区也属于整座皇家园林，但这片人工修建的宫殿只占整个山庄的极小部分，且山庄所欲传达的政治理念、艺术构思、哲学意蕴均具体地体现在广阔的山水草木等自然生态中。所以，“湖区、平原区、山区共同组成了苑景区，这里才是避暑山庄园林风景的主要所在”①，这部分才真是山庄的主体，山庄的园林本质和精髓均体现在其中，有必要将其与宫殿区分开单独分析。

1.“山庄”园林文化定位的模糊源于其景观的高度自然性

“自然天成地就势，不待人力假虚设。”康熙对避暑山庄园林特色的概括，恰好点出了其与北京颐和园、圆明园和江南私家园林在自然生态上的根本不同。以颐和园、圆明园为代表的皇家园林，尽管它们的面积动辄数千亩，其修建也需要凭借一定的山水形势，但是其更多的仍是“人力假设”的作品。尤其圆明园，几乎完全是“平地起高楼”式的人力工程。江南私家园林则完全是由人设计建

---

① 张勃：《北京的皇家园林》，北京：光明日报出版社2004年版，第136页。

造的，亭台楼阁、假山水池、取景造境，无不深深烙印着设计者个人的主观意志和审美情趣。楼庆西即认为：“私家园林，不论是南方还是北方，不论是文人园林还是官僚、贵族、富商的私家园林，其共同特点都是在不大的空间范围建成一个富有自然山水情趣的环境。”①所谓“富有”，即是说其中的“山水”均是由人模仿真山真水而来，而非天然成趣。在小则数亩、多不过数十亩的平地，欲模仿出“自然山水情趣”，的确需要独特的艺术眼光和创造力。

与圆明园、颐和园不同，避暑山庄的选址和营建则是在一片“自然天成”的山水之间，其山形、地势、水文、气候完全是一片自然生态，少人力斧凿之痕。300 年前，康熙因喜爱热河清爽宜人的气候，选址热河上营，修建行宫，经过康熙、乾隆两代帝王近 90 年的苦心经营，占地 8000 余亩的皇家园林终于完成。康熙三十六景与乾隆三十六景精致点缀在这片充满天然野趣的山水之间。俯瞰山庄就会发现，虽经近百年的人力修建，但山庄整体生态的天然性却基本未变。山庄西北部占总面积达三分之二的山区是天然山脉，而非人力堆砌；北部万树丛生、绿草如茵的平原区也是天然形成；唯有东南部的湖区经过人工的布置。山庄景区的规划、建筑的点缀均是“就”其自然之“势”，亦即根据这片自然山水原有的生态特征建设。所以，山庄整体生态的天然性与北京皇家园林和江南私家园林有本质不同，这也决定了其具有独特的旅游文化心态。显然，我们游览北京皇家园林和江南私家园林时，更多的是惊叹于人力的巧夺天工。比如以“虽由人作，宛自天开”特色而名世的颐和园中佛香阁、排云殿、彩绘长廊、石舫、十七拱桥、玉带桥等建筑，是比昆明湖、万寿山更具代表性的景点。“宛如天开”的山水，退而成为“人作”建筑的背景。于是，这便降低了游客欣赏园林景观的难度，不论文化修养的高低，均可以在匠心独运、雕梁画栋、富丽堂皇的建筑群中流连忘返，得到各自的心理满足。再如拙政园，则在较小的空间内将“人作”之功发挥到极致。园中套园、空间切割、起承转合、隐秀搭配等艺术手法的发明和运用，就是要突破空间的局限，于有限中见无限，从而使得这处完全由“人作”的园林景观获得移步换景、变换无穷的审美意趣。所以，不可否认的是，对于绝大多数游览者而言，对“人作”建筑、景观的持久兴趣是他们的主要游园心态。而避暑山庄恰恰在此凸显出不同，一方面，康熙的初衷就是将山庄作为其繁琐政务之余修身养性、阅射秋猎、寄情山野之处，所以“不待人力假虚设”的天然野趣就是其底色。作为一个从山林草原上走来的马背民族，这种对山

① 楼庆西：《中国园林》，北京：五洲传播出版社 2003 年版，第 51 页。

水野趣的天然偏爱在王朝上升期依旧浓厚，而每年在距山庄不远的木兰围场所举行的盛大狩猎活动，则更是这一民族性情的极端体现。陈从周先生指出，“山林之美，贵于自然，自然者，存真而已。建筑物起‘点景’作用，其与园林似有所别，所谓锦上添花，花终不能压锦也。”① 所言甚是。山庄为了保护和突出其自然“山林之美”，在尊重已有自然生态前提下，用来“点景”的建筑大多体量较小，风格古朴，绝不喧宾夺主，将人的注意力从对“人作”建筑的追新逐奇上解放出来，并引导人去欣赏这一片自然山水。我们认为，这才是山庄独特自然生态所潜隐的文化心态，也是造成园林景观接受难度之根源。

显然，避暑山庄高度自然化的景观所预设的接受维度，与多数普通游客所保有的期待视野很难达成一致。因为，在将“人力虚假设”的建筑景观压缩之后，我们将面对的主要就是自然生态的山林景观，而欲从这些自然山水中品味出勃勃的天然情趣，则需要游客具备敏锐的审美眼光、淡泊的心境，甚至需要特定气候的配合，这无疑是件更加困难的事情。比如位列乾隆三十六景之十九景的“蘋香沜”，殿宇门前水中多浮游青蘋，丰茸浅蔚，微风乍起时，清香袭来，沁人心脾。② 此景便由此得名。

蘋香沜

这是对纯粹自然景色的欣赏，需要非常敏锐的观察，是极具个人性的审美行为，在当今的旅游产业中很难大规模开发。再如“万树园”、“试马埭”等景点则是“不

① 陈从周：《园林读丛》，上海：上海人民出版社 2007 年版，第 47 页。
② 杨历波：《灵境天开－－承德避暑山庄》，杭州：浙江摄影出版社 2002 年版，第 76 页。

施土木”的天然丛林和草场，几乎没人工因素，从何种角度欣赏、欣赏什么，则完全取决于个人的兴致。而著名的“烟雨楼”，其景色的妙处并不在“楼”，而在“烟雨”。此景对气候的要求很高，唯有在盛夏阴雨时节，细雨蒙蒙、水天一色、凭栏远望之际，湖山景色尽收眼底，顿觉雨雾如烟，令人有入仙境之感，心旷神怡。如果没有“烟雨”，此楼将与其他建筑无异，无法独立成景。但是在多数情况下，游客只见“楼”而难见“烟雨”，所以也就难得有机会欣赏此景的真面目了。

烟雨楼

总之，避暑山庄园林景观的高度自然性给游览提出了很高的要求。对于多数游客而言，恐没有如此充裕的时间和闲散的兴致来品味这一片自然山水。无疑，在纯粹的自然美面前，不是每个人都会被吸引，会惊叹大自然的造化，会沉浸在都市喧嚣之外的这片静谧之中。但是，这份安静的心绪只能持续片刻，人们还没来得及深入体味自然的情趣，又要匆匆赶赴下一处景点。所以，自然景观与现代快节奏的旅游模式之间会形成落差，它只能给人留下模糊的印象。山庄的自然山水在由古典皇家园林向现代旅游文化产业转变的过程中，其自然性也由一种卓异特质转变成曲高和寡，成为令现代游客很难融入的“迷障”。如何在保持山庄本色的前提下破除这一“迷障”，是摆在人们面前的一个文化难题。

2. “山庄”园林文化的模糊源于其景观的高度文人性

质言之，这座浸润着强烈的个人志趣、诗情画意、文人雅兴、哲理情思的园林，已很难激起当今的游览者领略到设计者当初的文化意兴。或曰，江南私家园林的文人性不是更强烈吗？为何它们却能让多数游客兴致勃勃呢？其实，正如上文已指出的，人们的兴致多停留于典雅的人造山水景观表层，很少能深刻体悟到造园者深邃、复杂的主观命意。比如江南的拙政园、网师园、留园、个园、寄畅园等，都是我国传统“主题园”的典范，其标题背后就蕴含了建造者深刻的生命体验。个人的升沉荣辱、进退得失、理想志趣先凝结成一个主题，然后再将虚空的主题情感化入园中实在的花草树木、山水湖泊的位置经营中，真正做到了“一草一木总关情”。对于园主是由虚入实，对于游客则是由实入虚，虚实之间的灵活转化，释放出无穷况味，其背后则涵濡着深厚的古典审美意识。正如曹林娣先生所言，“园林只有景（境）而无意，那只能是花草、树木、山石、溪流等物质原料的堆砌，充其量不过是无生命的形式美的构图，不能算是真正的艺术。成熟的文人园林大多为‘主题园’，都有深邃的立意，正是这个‘意’引动了游观者的情思意蕴，从而产生了永久的艺术魅力。”①然而，对于多数现代游客而言，则很少能体悟到山水经营背后的深“意”。可以说，在当今的旅游文化中，对园林外在景观的热闹追逐，遮蔽了因无法领略内在深“意”带来的孤寂、彷徨。避暑山庄园林文化在当今旅游产业中面临的困境，比江南私家园林尤甚。

康熙和乾隆先后为山庄 72 处景观御制了四字或三字的标题，他们以极其个人化、文人化的眼光，将这片天然山水划分出数十组大小不等、自成格局的景区。从此，山庄中的山水草木便负载上了极具民族特色的审美意蕴，自然山水被再度文人化了。这些标题构成了山庄的“园眼”，指引我们从特定的角度去欣赏、想象、品味园林景色，成为山庄的文化招牌。时至今日，对山庄的文化产业开发仍然主要以这几十个标题为指引，它引导着游客进入这片自然山水和文化意蕴相交织的天地。然而，这些标题内涵的高度文人性，却常常使现代游客无法深刻领略到其标示、营造的意境，让人模糊在自然和文化之间。山庄景观的标题多化自古典诗词歌赋或独特的审美意象，这需要先还原标题所出文章的意境，并结合眼前所观景色，再融入自己当时的心境，三者互通互融，方能体悟到标题背后的丰富内蕴。否则，再秀美的自然山水也很难持续激发游客的情思意蕴，将只停留于对自然景观外表的赞叹，最后拖着疲惫的脚步兴味索然地离开。比如山庄的“水流云在”亭，就是需要游客深刻参与、慢慢体悟的一景。此亭庄重典雅，面临澄湖、长空云影、古木满眼。景名出自杜甫《江亭》诗：“水流心不竞，云在意俱迟。”风行水上，浮云、流水相映成趣，若实若虚，似有似无，得动静之妙理。据《热河志》记载，此景蕴含着康熙对禅家“清潭对面，非佛而谁”禅趣

① 曹林娣：《中国园林文化》，北京：中国建筑工业出版社 2005 年版，第 337 页。

的体悟。显然，对于来此匆匆“一日游”的多数人而言，很难在紧张的旅程中驻足于此，颔首沉思，体悟个中意趣。再如如意洲上的“一片云”楼，景名出自《名胜志》。此处水沛林丰，湖面常雾气弥漫，上升为云，初为片状，似烟非烟，若云非云，片刻，或叠嶂重山，或涟漪如水，或人，或兽，或鱼鳞等，似真似幻，忽远忽近，变化无穷。登楼观云，如登泰山、黄山观云海，又异其趣。游人任元气氤氲，白云舒展，吞吐往复，淡然物外，达到“无心”之境界。①。这是何等悠闲高渺的心境，此景的妙处完全来自对自然景象的驻足观摩，它需要人排除世俗杂念，以一颗“童心”去观照头顶流云的万千变化，获得某种超然世外的情趣。此景的内涵在乾隆的题景诗中得以印证，诗曰：“白云一片才生岫，瞥眼岫云一片成。变幻千般归静寄，‘无心’妙致想泉明。”众所周知，康熙和乾隆均是具有相当人文修养的帝王，他们的文人趣味充分体现在数十个景题中，使这片自然生态深深烙刻上他们的文化心态，并主导了整个山庄园林文化的品质和特色。对于现代游客而言，“月色江声”、“莺啭乔木”、“松鹤清越”、“风泉清听”等这些高度文人化、古典化的景题，恐已很难再打开人们的心灵空间。旅游者的文化心态、山庄的自然生态和标题所包含的文化内蕴很难贯通和相互共鸣。反观今天山庄旅游的现状，仍以一个个景题串起旅游线路，导游带领游客在数十处景点走马观花式的穿梭。殊不知，这种游览模式是与山庄的文化特质格格不入的。诚然，风景标题本身就是山庄文化的直接体现和重要组成部分，是绕不过去的。但是，如果就像现在这样不顾山庄园林文化的特质，循规蹈矩地、生硬地甚至想当然地将现代游客纳入由一个个景题所指示的游览线路和模式中，那么游客必然陷入古典和现代杂陈、自然和文化混合的朦胧之中，既无法充分欣赏山庄园林野趣，也不能深入体味其背后的文化意蕴，最后，山庄的轮廓只能在人们不断变换景点的热闹喧嚣中日渐模糊。

三、避暑山庄文化产业布局的失衡

如果说上文我们是从历史文化角度分析了山庄旅游产业面临困境的根源，那么这里则分析此困境的外在体现。山庄皇家文化的错位和园林文化的模糊，都潜隐在人意识深处，它在无形之中限制着人们对山庄文化产业开发的角度和深度，在失去了对山庄文化的整体、清晰把握之后，对山庄的产业开发难免会失衡，往往顾此失彼，轻重失据。再加上产业化过程中难免的急功近利，往往对山庄的文

---

① 杨历波：《灵境天开－－承德避暑山庄》，杭州：浙江摄影出版社2002年版，第83页

化保护和开发造成伤害，因此急需我们警惕和反思。

1. 山庄景区内部开发失衡

这里指的是山庄的宫殿区、湖区、平原区和山区开发的不均衡。上文指出，由于山庄独特的自然生态，导致对其产业的开发比之于北京的皇家园林和江南私家园林难度更大。为了最大限度地招揽游客，自然地将山庄人造景观密集的宫殿区和湖区作为其发展的重点，而对天然的山区和平原区的产业开发则明显滞后。正如有学者指出的，“山区面积443.5万平方米，约占整个山庄面积的2/3，但是现在避暑山庄发展重点明显倚重于非山区，导致山区和非山区基础设施建设明显不统一，游客流量明显不均衡，山区很多道路损坏、没有清楚的指示标识，山区冷清而非山区特别是宫殿区却拥挤不堪。避暑山庄存在着战略空间布局不合理、山区与非山区发展不平衡的问题。”①这里一冷一热的局面，恰恰印证了我们上文对山庄文化的分析。尽管山区占据山庄绝大部分，但是其近乎纯粹的自然性很难对游客构成吸引力。我们心中常会升起疑问，这里的山与其他名山大川有何不同？然而，这一潜在的问题并没有在文化层面上得到较好地解决，其特色并没有得到很好的发掘和宣传。于是，在多数匆匆来去的游客眼中，这里的群山并不能激发其攀登游览的兴致。久之，随着口碑效应的日渐凸显，山区将愈加冷落。更令人担忧的是，在市场经济规律的主导下，当产业开发者发现山区无法给其带来足够利润的时候，便会愈加减少对其的投资和关注，加大对非山区的投资，如此恶性循环，加剧整个山庄产业布局的失衡。

其实，与山区的“失重”相对应的是宫殿区和湖区的“超重”，正在形成另一种失衡。因为每天多数游客均慕名来到这片景区，超出了山庄自然生态和建筑设施的容量，从而给山庄的生态带来巨大压力，也降低了游客观光的体验舒适度。据统计，“山庄最佳接待量为每天1.5万人，但是，每年暑假期间，周末进山庄的游客达到1.6万人。此外，每天还有近2万的承德市民来山庄晨练、休憩、游玩。”②如此庞大而固定的人流量早已超出山庄的最佳承受度，更严重的是，这些游客绝大多数汇集在宫殿区和湖区，其压力可想而知。过于稠密的人群破坏了山庄景观的自然性，而嘈杂的人声也使我们很难再静听天籁，这与山庄“澹泊敬诚”、古朴天然的本色相去甚远。这不正是另一种失衡吗？在这种形势下，如何更有效、更合理地将客流分散至山区，减轻宫殿区和湖区的压力，重新

---

① 付新：《浅谈避暑山庄文化产业发展及存在的问题》，《沧桑》2013年第1期。

② 吕娟：《浅谈避暑山庄周边山体森林公园建设的必要性》，《安徽农学通报》2011年第17期。

恢复景区产业格局的平衡，这是目前山庄产业开发面临的一个重大战略问题。

2. 生态保护与产业开发失衡

为了解决山庄产业布局失衡的问题，山庄也做出了努力，但是效果并不明显。由于对山庄文化特质把握不准确，再加上急功近利的开发心态，往往忽视对山庄生态的保护，造成新的失衡。比如，为了吸引和方便更多游客进山游览，山庄修建了环山公路，表面看来它促进了山庄产业布局的均衡化，其实却造成了对山庄生态的深层破坏。因为，“在开通环山公路之后，游客坐在石头上或者是慢慢欣赏美的情趣有所下降，并且附近的山色和灰白的公路不能够完美地搭配，这使得森林的生态与山上的植物受到了一定的影响，导致了生态性的损失。”① 所以，这样的开发是非常不理智的，以牺牲山庄自然生态为代价的开发也许能在短时期内收到一定经济效益，但是在不久的将来，山庄生态遭受破坏而带来弊端将日益凸显。因为，随着环山公路的修建，将有大量游客无序进山，加之山区地域广阔，增加了管理的难度。大量客流进入山区，必然要有许多配套设施跟进建设，如此必然将对这一片天然山林的生态造成影响。尤其是生态破坏带来的连锁反应，将对山庄的植被、动物、水土、景观造成一系列的负面影响，甚至造成整个山区生态的恶化，这将是用金钱无法弥补的。山区产业开发“失重”的问题肯定要解决，但关键是要找到一条可以平衡生态和产业的道路，这应该是一个系统工程，统一安排，而非简单粗暴的“头疼医头，脚疼医脚”。我们认为，在没有找到这样一条道路之前，宁可保持山庄原貌，而非贪图眼前利益的盲目开发。

3. 山庄景区开发与市区发展失衡

放眼我国乃至世界的城市，恐怕还没有哪一座城市像承德这样完全是因为一座园林而兴起和名世的。如果没有300年前康熙的慧眼识珠，恐怕现在的承德还只是北方山坳里一个不起眼的小县城。的确，避暑山庄成就了承德，养育了承德，是为承德第一产业。在空间位置上，山庄位于今天承德市区北部，但其面积仍占市区的三分之一，这是其他任何一个城市不可想象的。这时一个隐在的矛盾也日益凸显，就是山庄作为一个静态的历史文化遗产，与动态的不断现代化的承德市区之间的紧张关系。承德市区是在一片狭长的河谷平原上铺开的，其老城区不足16平方公里，但却居住着30万人。再加上每年上千万人次的游客，承德市区的拥挤程度可见一斑。为了吸引更多的游客，以及建设相关的配套旅游设施，

① 李彬彬：《承德避暑山庄的现状和发展对策》，《黑龙江史志》2014年第21期。

承德市区不得不在这一轮城市化、现代化进程中扩张、长高。由于早期缺乏统一的规划，城区大量建筑无序建造，居民区见缝插针似的铺展，已形成对山庄的"包围"之势，甚至蚕食山庄的景区。于是，景区和市区之间的紧张关系便凸显了出来，也许其他旅游城市也存在这样的情况，但是承德这一问题的全局性、严重性和紧迫性却是显而易见的。有研究者已指出，"避暑山庄附近的现代化建筑已经使得山庄与城市之间的和谐性损害，尤其是不少地方的超高楼房，使得山庄的风景线受到阻碍，这让山庄变得狭小和局促。因为建设城市，只是一部分街道依旧保留固有的名称，清朝特点和风格的建筑越来越少，让山庄变得像一个孤岛，杂乱的建筑群包围了山庄附近的庙宇，这导致庙宇文化的意境不再充满神圣感。"①"孤岛"一词非常准确、形象地概括了山庄与承德市区的关系，但需要强调的是，这里的"孤"是文化、生态层面上的"孤"立无援、"孤"独无靠。即是说，避暑山庄这一从历史深处走来的文化、生态遗产，它与加速的城市化、现代化进程无法同步，这是两种文化的冲突和碰撞，山庄显然处于弱势。

但若从山庄与城区的日常运转关系来看，恰恰相反，景区不仅不是"孤岛"，还是一片供市民日常休闲的"公地"。由于山庄地处市区，且面积广阔，又是一片自然山水，于是便成为众多市民晨练、游玩的首选场所，成为承德最大的市民公园。于是，"公地悲剧"便又不可避免地上演着。由于每日都有大量市民涌入，便给山庄的生态保护、景点维护带来很大难度。景区与周围市民日常起居的高度融合尽管给市民的日常生活提供了便利，但对于山庄这座历史文化遗产的保护、开发来说，则非常不利。最直接的是，过多市民的涌入破坏了景区澹泊宁静的文化氛围，不利于远道而来的游客领略这座皇家园林的特色，因此也破坏了山庄在游客心目中的形象。长远看来，这将阻碍山庄旅游文化产业的健康发展。如何将市民的日常生活需要与山庄景区的保护开发平衡起来，是决策者需要深入思考的问题。

第二节　避暑山庄与承德生态旅游产业开发策略

上一节我们分析了避暑山庄文化产业开发的现状，着重从文化的角度指出山庄目前产业开发存在的诸多问题及其原因。显然，与其他同类著作不同，我

① 李彬彬：《承德避暑山庄的现状和发展对策》，《黑龙江史志》2014年第21期。

们不是停留于经济现象的表层进行罗列，而是从山庄的文化特质这一更深的层面来反思山庄开发目前面临的困境。毕竟，对山庄进行的是文化产业开发，“所谓文化产业，是指通过工业化和商品化方式进行的文化产品和文化服务的生产、交换和传播。文化产业是生产文化产品和提供文化服务的行业，以满足人们的精神需求为主要目标。”① 可见，产业化仅仅是其外在形式，而文化才是其内核。认真研究对象的文化内涵，丰富其精神意义，是将其转化为文化资本的前提。的确，“文化产业的基本核心概念是文化。文化产业所生产的是观念意识形态的具有精神象征意义的产品，文化资本的产业运作的经济价值和商业利益的获得是以文化资本的精神和象征价值为基础的。文化资本的商业价值和经济利益的再生性是以文化的象征意义和精神维度为指标的。”② 正是深刻认识到这一点，我们才对形成避暑山庄文化特质的自然生态和所处文化场域进行了深入分析，以此作为分析其产业化之路的基础。避暑山庄是世界现存最大的皇家园林，其营建于我国最后一个封建王朝的鼎盛时期，历经 300 年风雨洗礼，文化积淀极为深厚。然而，作为一代皇家御苑，在文化产业浪潮席卷世界的今天，尽管其旅游开发也取得了长足进步，但这与其优越的地理位置、丰厚的文化遗产相比，还有很大的拓展空间。总体来看，可以说目前的产业开发将山庄这一“大”文化遗产做“小”了。

与其他产业不同，文化产业由于其对象、产品的高度精神性、体验性、短时性，这要求在短时间内让消费者领略到文化产品的独特性、丰富性，否则就将陷入走马观花式的雷同。如果说物质产品（如电视、空调、快餐等）类同时，消费者可以抱着“买哪个都一样”的心态来选择，对于文化产品却不行，因为它的价值不在于实用性，它提供的是独一无二的精神满足。从文化哲学角度看，文化是人一切物质、精神创造成果的总和。文化是对人生存的规训、引领和升华，是人克服日常生活平庸化的努力和希望。我们知道，文化产业正是伴随着人类社会现代化而同步出现并发展的，现代化程度越高的地区，其文化产业也就更发达。其背后的逻辑正在于，现代化、工业化、科层化将个人的日常生活机械化、单向化、平庸化，使人陷入空前的精神焦虑和贫乏，于是，对异质文化和新生活模式的追求便成了现代人迫切的精神需要。正是在这一大背景下，以发掘、生产和销售文化产品，满足现代人精神需要的庞大产业便繁荣起来。所以，“发展文

---

① 蔡尚伟：《文化产业导论》，上海：复旦大学出版社 2006 年版，第 5 页。
② 蔡尚伟：《文化产业导论》，上海：复旦大学出版社 2006 年版，第 7 页。

化产业的首要问题就是要在文化差异中提取可用的文化资本。在当前文化全球化文化同质化大行其道的语境下，我们更加应该重视文化产品的差异性，而非同一性。”① 文化产品必须要能提供与众不同的精神满足和生活体验，对于缺乏特色、面目雷同的文化产品，人们是绝无兴趣的。反之，高品质、有内涵、有特色的文化产品，则会满足和激活人最深层次的精神需要，让人沉浸在卓异的文化氛围中流连忘返。更重要的是，一种文化产品一旦获得认同，将催生出大量与其相关的次级衍生品，收获稳定的消费群体。这样就可以实现文化效益和经济效益的双赢。所以，文化产业必须做大、做精、做深，深入发掘其与众不同之处，才能在激烈的市场竞争中胜出。我们这里探讨的避暑山庄文化产业开发，也就是将避暑山庄这一皇家园林遗产作为文化产品来经营，让更多的人到此旅游、观光，实地感受这座园林的气派和美景，了解与其相关的丰富的文化知识，获得身心的愉悦。无疑，“旅游产品是一种文化产品，这种产品，无论是旅游地的自然景观、人文景观，还是旅游服务，都应具有浓厚的文化特色。实践证明，旅游产品的文化性越强，文化品位越高，就越受旅游者的欢迎。”② 我们在上一节将避暑山庄与北京的故宫、皇家园林和江南私家园林做比较，就是力求在同类事物中明确山庄的卓异之处，这正是山庄做“大”的基础。一旦文化产业陷入错位、模糊的境地，那么它将无法在汹涌的产业浪潮中得到辨识，将会淹没在汪洋大海，越来越“小”，直至消失。

正是基于对文化产业的上述理解，基于对避暑山庄开发现状的整体把握，我们才能在这一章将深入讨论促进山庄产业发展的具体方法。我们认为，欲弥补山庄开发的诸多不足，把这块“蛋糕”真正地做“大”，就需要“大视野”、“大格局”、“大境界”，勇敢地突破以前文化认知、产业规划上的“小”局限。这里对“大”的强调是基于对山庄历史、文化、生态、地域特点的认识。上文已经指出，山庄综合了皇家宫殿、皇家园林、私家园林、自然山水等内容，它不单一地归于哪一类，却兼而有之，这便决定了山庄文化的多样性。因此，偏重于任何一方，都将缩“小”山庄应有的文化场域，模糊它与其他景点的界线，极大限制对山庄文化产业的开发。正是认识到这一文化困境，承德本土著名学者、作家郭秋良先生不失时机地提出了“大避暑山庄”这一重要概念，为我们充分理解山庄的文化内涵提供了视角。郭先生认为，在空间上，“大避暑山庄文化是以避暑

---

① 李昕：《非物质文化遗产：文化产业发展的文化资本》，《广西民族研究》2008 年第 3 期。

② 李星明主编：《旅游文化概论》，武汉：华中师范大学出版社 2007 年版，第 5 页。

山庄文化为核心，以现今承德范围内的八县三区文化为外围，包括木兰围场、雾灵山、金山岭长城、白云古洞、辽河源文化等在内的承德地域文化。”① 在时间上，“大避暑山庄”文化上可追溯到春秋战国时期的燕赵文化、山戎和东胡游牧文化，下可延及清朝以来的满清文化。在性质上，承德作为清代第二个政治中心，它首先是一种亚宫廷文化。在内涵上，“大避暑山庄”文化首先内蕴着康乾盛世自信、开拓、进取、团结的博大气象，这些均体现在山庄及其周围的宫殿、寺庙、园林中。其次，承德本地富有特色的饮食、服饰、手工艺等也是其重要内容。再次，山庄见证了我国近代以来风云变换的历史，乾隆在这里接见了第一个英国使团，咸丰到这里避难，慈禧在这里发动“辛酉政变”，许多惊心动魄的历史活剧在这里上演，所以，这里又是我们了解清史、近代史、对外交往史的好地方。最后，避暑山庄在现代化进程日益深化的今天，其独特的自然生态又是人与自然和谐相处这一生态文明的典范。所以，“大避暑山庄”文化应包含对人美好生存的瞩望，包含对现代文明无言的反思。由此可见，郭秋良先生所提出的“大避暑山庄”文化“大而不空”，有其实在的内容，为承德文化产业的开发拓展了视野，引领了思路。但是，战略层面上对山庄丰富文化的认识，不代表战术层面上可以将其有效地开发出来，而后者往往是关键之所在，也是困难之所在。对文化丰富性的认识再全面，如果不能找到合适的产业模式，那么也只是纸上谈兵。因为，任何一种文化如果得不到广泛地传播，得不到更多人的了解和认可，就无法参与和其他文化的对话，也将失去持续发展、丰富的动力，最后只能自生自灭。郭秋良先生的“大避暑山庄”概念已经提出有十余年了，不可否认，它为山庄文化产业的开发起到了很大指导作用，但是由于这一概念所包容的东西很多，且是在相对形而上层面上阐述的，所以其许多内容还没有找到较好的产业化模式。本章将尝试性地提出一些设想，为使避暑山庄从“大”遗产做成“大”产业建言献策。

一、“生活”点灯，体验旅游

文化是产业之根，品牌是产业之魂。如何更深入地发掘遗产的历史文化，打造响亮、独特的品牌，是文化产业的永恒课题。关于承德文化产业发展的困境，目前所有的专家学者都达成一个共识——首都文化“灯下黑”。即是说，在首都强势文化的笼罩下，承德地方文化被无情地遮蔽了，这是承德文化产业开发的最

① 郭秋良：《再说“大避暑山庄”文化》，《河北师范大学学报》2008 年第 1 期。

大问题。面对这一形势，产业学者们也几乎一致认为，承德文化产业的突围之路就是“再点一盏灯”，这是一盏指引承德发展的“明灯”。这盏灯的本质就是与首都文化做出区分，铸造属于承德自己的品牌。

著名文化产业学者魏小安深刻指出，北京是皇家政治文化中心，它的一切文化产业都力求凸显这一皇城气象。如果承德也打这样的品牌，尽管其也具有许多这样的历史文化资源，也不可能获得游客对北京同样的认可，所以必须另辟蹊径。其实，就算是游览紫禁城，人们更多的也还是希望亲眼目睹皇家生活的真面目。但是，故宫博物院在这一方面也并未做到令人满意，“由于未能将生活形态作为主题来开发，室内生活器物的展示不充足，趣味、艺术性不够，无法满足游客对帝王生活的兴趣和希望了解帝王生活的欲望。游客往往是走马观花，难以真正了解和领略到皇家生活的真正形态。”① 故宫尚且如此，避暑山庄则更要转变观念，在皇族生活文化方面努力发掘。魏小安认为，由于避暑山庄是皇帝避暑休闲之所，所以其严肃的政治性并非其特质，帝王的日常生活才构成其真正内容。所以，承德应该将皇家生活文化作为其品牌，并在这一思想指导下，发掘与皇家生活有关的历史文化。承德的各种旅游活动要寓历史于生活之中。皇家日常生活的丰富多彩、精致高雅、妙趣横生，这与北京皇家政治文化的庄严肃穆形成对比。如果说，北京皇家政治文化主要体现在紫禁城宏伟严整的建筑中，那么，皇家生活文化则可以在避暑山庄古朴的亭台楼阁和自然山水之间找到痕迹。在我们通常的认识中，皇族的日常生活是极其神秘和无法想象的，而避暑山庄恰恰是一座供帝王休闲的生活处所，这里留下的是皇族丰富多彩的生活身影，有大量日常琐事和生活乐事发生在其中。所以，我们可以通过查阅康熙、乾隆两位皇帝的起居录，搜集民间传说和故事，建构一个皇族日常生活文化的完整系统，这对于普通游客而言具有独特的吸引力。

在打造皇家生活文化时，要在皇族气象和日常生活之间找到最佳结合点，既不能过于突出贵族性而远离普通游客的日常生活，也不能因过于凸显皇族生活的寻常性而失去新奇感。帝王的衣食住行、婚丧嫁娶是在普通人日常生活的基础上的精致化、仪式化、丰富化，其外表是皇族的威仪，其内核是强身健体、一日三餐。所以，对皇家生活文化的开发要在日常性上凸显皇族性，在皇族性外衣下包含日常性，这样就可以让游客在皇家生活中看到自己生活的影子。所以，在开发的时候要力求发掘和展现皇族日常生活中容易忽略的细节，给游客带来熟悉而又

① 纪彭：《故宫博物院作为世界级旅游胜地的挑战与机遇》，《北京联合大学学报》2005年第6期。

陌生之感。努力还原康乾盛世时期皇族日常起居的规矩、仪式、习惯，开发相关的仿制品，让游客亲自去感受，获得乐趣。为强化历史情境，山庄可以聘请满清皇族后裔前来实地向游客介绍、解说，甚至可以示范使用具有民族特色的日常生活用品和习惯。

所谓体验经济，其内涵在于，“体验与旅游有着直接的天然的联系，旅游者花费了时间、精力和金钱，增长的是阅历，得到的是体验。体验经济会刺激体验消费，旅游体验经济就是通过各个方面的努力使游客达到深度体验。说旅游是体验经济和阅历产业，是因为有了深度体验，客人才觉得这个地方好，如果只能让游客走马观花，过后没有深入的体验和阅历可以回味，从经营角度来说，这就是失败。如果客人到一个地方旅游，回来能够跟别人讲一些感触很深的细节，这就是成功。把握细节就是把握了体验设计的深层。”① 的确如此。对细节的强调其实就是对体验经济的重视。体验经济是旅游产业高度发展的产物，当人们已经不再满足于只是走马观花式的游览时，便希望可以在短暂的时间内，可以获得更加深刻的游览体验。魏小安先生将体验经济分出 3 个层次，即“有说头，有看头，有玩头”。“有说头”，就是有故事可以讲，各种与景观有关的任何话语资源都可以通过编织故事的方法，在妙趣横生、生动形象的讲述中，使游客始终保持高度的注意力。“有看头”，就是力求让更多的旅游资源都以可见的直观形式呈现出来，让新奇的视觉景观不断刺激游客的眼球，有利于留下最深刻的印象。“有玩头”，就是让游客更深入地去体验，通过角色扮演、情境创设，让游客的五官身心全方位、立体式地去体验景点的氛围。在这一过程中，深刻的体验源自准确、精致的细节，要在游客意想不到的地方下功夫，这样可以颠覆人们的惯性思维，具体化以前想象的情景。这样的旅游将不再停留于可听、可见，人在实际的参与过程中，细节以其强大的具象力量足以使游客暂时从现实环境中抽离出来，进入预设的游览情境中去。沉醉于眼前的景色，沉浸在过去的历史文化，切身体会人物的喜怒哀乐，唯有达到这种体验，游客才会终身难忘。

二、创意品牌，多元开发

文化产业的品牌需要富有创意的口号标语，才能以最简洁经济的方式进入人们心中。在文化产业蓬勃发展的今天，许多景区的口号呈现同质化趋势，并无创意可言。其根源在于，没有全面准确地把握产品的特质，没有与其他同类产品做

---

① 魏小安：《旅游情景规划与项目体验设计》，《旅游学刊》2004 年第 4 期。

出区分。反之，真正有创意的口号往往可以在极小的篇幅内，高度浓缩和呈现产品的魅力，为人们提供丰富的联想空间，收到极佳的宣传效果。比如贵州省的宣传口号——“多彩贵州”，便高度概括了贵州的地域文化特征。他们还将贵州的“贵”字设计成我国古代酒樽的形象，蕴含着贵州悠久的酒文化和热情好客的民风，可以说千言万语融于这个极富创意的字中。创意符号的确易读、易记、易传，而且促进了人的情感认同，获得了良好的传播效果。而承德在这一方面并没有打出响亮的品牌。我们认为，承德应以避暑山庄为核心，以满清文化为底色，凝聚全市人民智慧，明确一个简洁而响亮的宣传口号，为品牌增光添彩。不可否认，承德已经开始尝试文化产品产业化运作。比如，2014 年推出的“曲水荷香天然矿泉水”，以山庄景点的名称冠名，创意很好。但是，创得不够彻底，没有告诉游客这种纯净水与农夫山泉、怡宝、恒大冰泉、哇哈哈等同类品牌究竟有何不同，所以，它只能作为当地游客观光时临时购买的代用品，无法进入更大的市场。此外，承德还相继推出了“离宫御膳坊”宫廷糕点、“香远益清”御用茶、“山庄如意馆”金丝楠木御用文化系列、皇家御用“宝谱”文化系列、“松鹤斋”御用沉香、“阿哥所”清宫娃娃等文化产品，但是就市场影响力来看，也未达到预期。我们认为，其原因在于，这些产品多数走的是高端路线，普通游客无力消费，且品牌与故宫有重叠，没有凸显自己的特色。创意，就是要与众不同，小中见大，将山庄的文化特质高度浓缩在极小的商品之中，这样才会获得游客的青睐。

在对外宣传的时候，要防止承德和山庄这两个品牌之间“打架”，抢夺文化资源，造成不必要的内耗，模糊了整个品牌的清晰性。近年来，在对外宣传过程中，经常出现承德和山庄两个品牌之间的主次不分，“眉毛胡子一把抓”的局面，这是急功近利的不成熟表现。具体而言，开发者总是希图利用避暑山庄的盛名来给整个承德做广告，他们总是急于将承德作为一个整体的城市品牌打出去，吸引更多游客前来。但是毫无疑问，承德作为一个地级市，其知名度和美誉度在全国并不高，在打口号的时候，如果直接凸显承德并不能激起人们更多的文化想象和兴趣。这种求大、求全、求快的做法往往适得其反，既不能收到整体推广的效果，甚至会模糊当地本来的特色。比如，承德市政府曾与央视名牌栏目《欢乐中国行》合作，推出一期以“魅力承德”为标题的大型综艺节目，但是从节目播出后的效果来看，并没有收到预期效果。从整个节目的定位来看，存在着一个宣传策略的失误，主创想全面、直接地向观众展现承德当地几乎所有的风土人情、文化遗产，于是，在不长的节目中塞入过多的承德文化产品。殊不知，这种宣传看似着眼于承德的特色，但由于给观众的选择太多，注意力难免分散。且在这么短的时间内一次性推出这么多特色，只能是浮光掠影式的知道而已，不可能真正地深入，难以给观众留下深刻的印象。更重要的是，这种宣传策略是当前多数城市都采用的，大家都在拼命地推广自家的特色，但这些特色多数都是歌舞饮食，如此一来，便难免造成城市与城市之间的同质化。这一策略使避暑山庄这一承德最重要的遗产没有在节目中得到深入宣传，山庄被轮番上场的其他文化表演所湮没。如此，承德这座城市的面目模糊化了，而避暑山庄的特色也没有得到凸显，这样的一台节目自然不能称作成功。我们认为，在做文化产品宣传时，品牌的帽子应大小合适，不能贪大求全，妄图靠一个品牌就可以将所有产业都包容其中。于承德而言，避暑山庄的核心、品牌地位不可动摇，承德的一切文化产品都必须从山庄孕育、转化而来，绝不可以随便地将其他文化产品放到与山庄同等的位置。此外，在对外宣传时，应将避暑山庄这一人尽皆知的品牌放在首位，承德城市品牌放在第二位。承德城市品牌只能靠山庄文化产业开发的成功间接取得，这是源和流的关系。这一策略是由承德独特的历史文化决定的，不论其他城市走何种产业化之路，承德都不能自乱脚步，这应该是承德在很长一段时间内必须坚持的原则。

此外，避暑山庄的文化产业开发要走多元化之路，逐渐改变目前的单一化旅游模式。魏小安先生曾将避暑山庄目前的游览模式概括为 3 个“单一”，即单一观光、单一景区、单一门票。解决“单一”化问题，关键是我们的思维要克服“单一”化的惯性和惰性，时刻以一种差异性、发展性、多元性的眼光来观照文化遗产。比如，对山庄旅游资源的开发和设计，可以根据游客年龄、地域、文化修养的差异有针对性地开发。对于一部分有较高文化素养的游客而言，他们肯定不会仅满足于对山庄浮光掠影式的观看，他们更想了解一下我国整个园林艺术发展的历史。而避暑山庄作为世界现存最大皇家园林，完全有这个平台、资源、资本建设一个我国园林艺术博物馆，系统地介绍园林这一人类伟大艺术作品的来龙去脉、地域特色、发展沿革，尤其可以深入浅出地介绍欣赏园林的方法。这样，游客就不仅是看热闹，而且看出了门道，这才是在更高的层面上传承和发扬了本民族的文化遗产。

在多样性思路指导下，对避暑山庄的文化产业开发也不能仍停留在“避暑”上。“盛夏时节，山地中的气候比湖区、平原区低 1 ~ 2 度，比市区低 4 ~ 5 度。因此，置身峡谷中，真可说是‘无暑清凉’了。所以，游览避暑山庄，如果不入沟谷，是很难对山庄的情趣有深刻体会的。”①但是，一方面，山庄的避暑功能现在已经变成一种历史遗产，不可能让大量的游客真的在山庄中避暑。另一方面，由于避暑山庄这个名称的引导，似乎“避暑”成了山庄最大甚至唯一的特色，这便窄化了山庄的文化内涵。正是基于对山庄历史和现状的这一判断，我们的文化产业开发应根据今天人们的需求，在保护山庄生态的基础上，既延续其可避暑的功能，同时又不局限于这一功能，使其内涵多元化。承德市政府可以在山庄附近的山上，仿照山庄建筑的样式，建设一些可供游人休闲避暑的场所，让山庄这一原初功能在今天依旧发挥作用。同时，我们在宣传时更要强调的是，避暑山庄不仅可以避暑，它还有许多其他同样极富魅力的活动，这是山庄文化产业向纵深发展的关键。山庄的发展不能被时令所局限，似乎只有到了夏天才值得到山庄来。应该将山庄打造成全天候的旅游景区，每个季节都有独特的景色和有趣的活动可以欣赏和参与。其实，山庄一年四季都有独特的景色值得品味，就像杭州西湖，有人就将其分出“雨湖”、“雪湖”等。于山庄而言，春天的山花烂漫、夏季的无暑清凉、秋季的枫叶落木、冬季的雪染山林，个个都具有独特的魅力，随着季节的轮换，山庄的意境也在丰富和深化，这的确是大自然的神奇造化和人力的独具匠心完美的结合。山庄不仅要突出其季节性的特色，更要在此基础上开发独特的新的旅游资源。在《第四次浪潮》一书中，阐述了13种休闲活动：观光、游戏、竞技、仪式、展览会、公演、狩猎、钓鱼、郊游、露营等受到欢迎，康体、健身、养生、远足、探险、运动、搏击等这些多元性的旅游活动可以满足不同人群的需要。山庄可以凭借其优越的自然生态和地理位置，大力发展这些产业，建成京津冀地区首屈一指的休闲旅游之都。

三、传媒助力，科技领航

在进入工业甚至后工业社会的今天，大众传媒正以其强大的力量无所不能、无孔不入地影响着人们的生活。广告业本来就是借助现代传媒之力，才铺天盖地般的发展起来的。在今天，“酒香不怕巷子深”已被证明并非真理，再香的酒，如果缺乏有效的广告宣传，也不可能有满意的市场效应。文化产业本身就是广告产业的一种，它是在给文化做广告，以期获得经济收益。所以，在今天的网络、手机、电视中，文化产业广告比比皆是。比如央视名牌栏目《新闻30分》之后就会有一段较长的广告，为几个旅游城市专门做宣传。每个城市虽然只有短短几

① 付新：《浅谈避暑山庄文化产业发展及存在的问题》，《沧桑》2013年第1期。

秒钟，但由于电视受众群体庞大，所以可以在这几秒钟内使全国数亿人同时知道这个地方，这样的宣传力度是以前其他任何方式都不可想象的。但是，这种直接的广告宣传是最初级的，只能靠机械性的视觉、听觉重复实现。我们这里强调的是另一种更加高明、巧妙、有效的方式，就是借助影视剧产业，将承德避暑山庄推销出去，收到四两拨千斤的效果。

2008 年，由冯小刚拍摄的一部名为《非诚勿扰》的电影，使一直以来无名的杭州西溪湿地一举成名，成为当地新的旅游热点。片中葛优的一句“西溪，且留下”，成为当地最响亮的旅游宣传口号。电影播放后，不少发烧影迷赶到杭州实地寻访美景，而广东、福州等地的一些国内旅行社，都纷纷在杭州的行程中增加了原本并不为外省游客所熟知的西溪湿地，甚至专门成立了“《非诚勿扰》旅游团”。就因为在不到两小时的影片中出现了几分钟西溪湿地的景观，便可以激起数十万影迷前来观光，诞生一个稳定而响亮的旅游产业品牌。这的确是一个极为成功的营销案例，值得深思。影视剧是当前最喜闻乐见、受众最广的文化产业形式，由名导摄制的佳作更是一个可以吸引无数人眼球的金字招牌。在粉丝经济的强力推动下，影视剧中的场景、建筑、情节、人物、服饰、饮食都可以成为无数人追捧模仿的对象。所以，如何加强与优秀影视剧的合作，也应该是承德文化产业开发者必须认真思考的问题。其实，长期以来，承德本身就是国内影视剧尤其是清宫戏拍摄的首选地之一。一座避暑山庄，为剧组提供了最真实、最优美的取景地。《戏说乾隆》、《还珠格格》、《射雕英雄传》（2006 年版）、《打狗棍》、《箭在弦上》以及吴宇森的《太平轮》、韩寒的《后会无期》、冯绍峰的《狼图腾》、成龙的《辛亥革命》、陈凯歌的《赵氏孤儿》、周迅的《画皮 2》、高圆圆的《大秦帝国》、周润发的《孔子》、张艺谋的《我的父亲母亲》、孙红雷的《战国》、姜文的《一步之遥》，等等，这些卓有影响力的影视剧都曾经在承德的避暑山庄或坝上草原取景。然而令人遗憾的是，如此多的影视剧竟然没有打造出一个像西溪湿地那样的旅游新品牌，各种原因怎能不令人深思？尤其是《还珠格格》，其中的漱芳斋、大明湖、大草原、围场狩猎都是在承德实景拍摄，但是这样一部红透整个中国的琼瑶剧，竟然没有捧出一处响当当的旅游品牌，这不能不说是当地文化产业开发者的失策。一部具有持久的全国影响力的影视剧是稀缺资源，是可遇而不可求的机会，一旦错过，就很难再有第二次机会。所以，当地的产业开发者应该多向其他有类似成功经验的景区学习，增强产业意识和超前意识。为了借用影视剧的宣传效应，承德市政府可以增强自主性，不能“等、靠、要”。

电视剧《还珠格格》中漱芳斋拍摄地

在这一方面，湖南卫视的成功经验具有借鉴意义。2009 年，由湖南卫视和天娱传媒联合拍摄的电视剧《一起来看流星雨》的准确的市场定位获得了很大成功，成为省级卫视自拍影视剧获得成功的典范。承德具有拍摄清宫戏的天然优势，而且具有之前众多成功影视剧的口碑，可以借此优势，请名编剧操刀，请名导、名演员加盟，并与具有雄厚实力和丰富经验的娱乐公司通力合作，打造以承德为背景的、以康熙、乾隆两位帝王宫廷生活为主要内容的电视剧。为了制造话题效应，扩大影响力，这些影视剧可以仿效新版《红楼梦》的全国海选模式，将一部分角色的选择推向市场，让河北电视台全程跟踪报道，让电视剧未拍先热。在内容上，可以根据当下粉丝经济的特点，针对年轻人的口味而不必过于照搬史实，将励志、善良、人间真情、传统文化等富有正能量的思想与青春偶像的号召力相结合，打造出一部像韩国《大长今》那样的封建宫廷剧，一定会大受欢迎。这样，承德作为取景地，也会在粉丝经济的推动下将其文化产业迈上一个新台阶。

在传统的游览方式已不能满足人们需求的情况下，如果创造更新颖独特的游览情境是产业开发者需要思考的问题。高科技这一推动人类社会不断发展的源动力，此时在文化产业领域也找到了用武之地，成为丰富旅游形式、拓展旅游内涵的有利工具。上文提到要发展体验经济，而高科技则是体验经济的有力推手。因为，体验所需要的一些情境在现实生活中已不存在，只有通过高科技手段将其还原，给游客以身临其境之感。高科技的运用一方面是为了更好地展示文化遗产的全貌，另一方面即是为了给人创造逼真的体验情境。比如，2006 年为了拍摄纪录片《圆明园》，摄制组请清华大学计算机专业的专家用先进的 3D 技术还原了圆明园的众多景观，获得极佳的观赏效果。对于承德而言，可以建设一个“康乾盛世”文化体验区，用高科技手段还原康乾时期具有重大进步历史意义的故事、场景，比如灭鳌拜、平三藩、平准格尔、收台湾、下江南、编《四库全书》等，利用声、光、电对人的听觉、视觉的冲击，在新奇、刺激、宏达的情绪状态下，让游客体验到穿越时空隧道、在梦幻中获得重回康乾盛世的奇妙感受。在影视剧和 3D 体验区获得成功的前提下，承德可以建设康乾盛世主题公园，结合流行的影视剧，开发游客客串演出活动，让游客在逼真的历史情境和影视剧情中扮演自己喜爱的历史人物或角色，过一把当演员的瘾，甚至可以对游客的演技进行评比，进一步激发游客的兴趣。通过这些深度的文化产业开发项目，可以开辟新的经营空间，创造新的经营手段，产生规模效益，将承德的文化产业推向新的境界。

四、民族风情，特色艺术

承德是少数民族聚居的城市，共有 43 个少数民族在此生息繁衍，积淀了极其丰富的少数民族文化，具有迷人的少数民族风情。但令人尴尬的是，承德给人的印象却是这里只有一座山庄，顶多只有满族和蒙古族，这是文化产业开发不到位的体现。魏小安先生曾尖锐地指出，“民族优势承德基本没有发挥出来，承德有 43 个少数民族，153 万人，但我没有感觉到。云南只有 25 个少数民族，但是任何人到云南都觉得那里的少数民族多姿多彩，民族这篇文章我们应该好好挖掘。”的确如此，这是承德文化产业的一个巨大盲点，亟须填补。

在民族文化产业开发方面，广西和云南无疑走在了全国前列。广西打造的大型民族歌舞演出“印象·刘三姐”在全国一炮打响，获得极佳的品牌和经济效益，为全国其他地方少数民族产业的开发树立了标杆。“印象·刘三姐”在民族文化资源的利用和整合方面非常成功，找到了一种适合这种资源特点、具有创造性、世界独一无二的表现形式——大型山水实景演出。并且，演出充分利用了广西独有的文化品牌，比如刘三姐、桂林山水、广西民歌、民族舞蹈等。此外，“印象·刘三姐”成功的另一重要原因在于，它请来张艺谋做总导演，张艺谋个人的巨大声誉成为确保演出成功的重要砝码。与之类似，由著名舞蹈家杨丽萍导演的大型少数民族歌舞演出“云南映象”，也以其原生态的表现风格，壮丽的演出阵容，独具民族特色的编排，给游客带来一次不可多得的、原汁原味的云南少数民族歌舞盛宴，亦获得巨大成功。

在这些成功的案例面前，承德也就自身特点进行了尝试，最重要的就是大型实景演出“康熙大典”。

鼎盛王朝·康熙大典

但是，这一演出由于注重宏大场面的渲染，陷入了北京皇家政治文化的“灯下黑”困境。而且，由于对皇家气象的过度渲染，便使当地丰富的少数民族文化更加边缘化了。可以说，开发者本身的文化定位出现了偏差，结果吃力不讨好。在我看来，就像上文已经指出的，在着重发掘皇家生活文化的大方向指引下，将盛世少数民族丰富多彩的生活搬上舞台，皇家生活文化可以主要放在满族文化中去表现，这样可以取得平衡。承德也可以请出生在本省或本市的、具有全国声誉的艺术家前来指导民族文化产业开发，一定要将少数民族生活的特色发掘出来，也走原生态路线，相信可以在我国华北打出一个文化品牌。除了舞台上的实景演出，还可以吸引游客走入承德当地少数民族家庭中，去实地体验他们的日常生活、风土人情。围绕“自然景”、“民俗情”、“田园乐”、“农家饭”、“农家院”等几个主题，政府组织当地的少数民族同胞有针对性地开发。要走入田间地头，走进厨房饭厅，不是把农家饭菜端上桌以后让游客直接入席品尝，而是带领游客从田里摘菜、溪流洗菜、灶台做菜等全方位去体验，既展现了少数民族的风土人情，又丰富了游览过程的趣味，还在无形中宣传了绿色生活的理念，可谓一举多得。除了日常生活，还要发掘和弘扬具有民族特色的节日，将民族节日开发成一个个小高潮，穿插点缀在民族旅游的全过程。承德有 43 个少数民族，每个民族都有许多独具特色的节日，节日密度非常大，这正是发展旅游的天然资源。所以，承德市政府要以全局性的眼光，以市场为导向，让游客不论何时来旅游都有独特的民族节日可以体验，永远保持一份新鲜感。每个少数民族都有自己的生活方式和历史传统，可以说具有无限的文化内容可以开发，其相关的次级产业也可以向下不断延伸。不妨以蒙古族的马文化为例说明之。

蒙古族的那达慕是非常重要的民族活动，蒙古健儿凭借坝上草原的优越地理位置，策马扬鞭、纵横驰骋，形成了独特的马文化，极具文化产业开发价值。比如博彩马业、马术表演、骑马游草原，还有与马相关的综合产品开发，等等。其中，博彩业可以向香港、澳门等地区学习成功的运作经验，将这一具有西方特色的旅游项目引入我国北方草原。西班牙的斗牛节闻名世界，每年都会吸引大量游客前去欣赏，这一原生态的古老活动在如今现代社会依然具有巨大吸引力，其内核是西班牙青年勇敢的拼搏精神。这种精神经过每年一度的斗牛节以一种形式化的力量沉淀、固定下来，成为极富地域风情和民族特色的旅游活动。在我国，尽管蒙古草原上每年也会举行“套马节”等活动，但是由于产业开发不到位，只是地域性的民族活动。借助于港台地区已经十分成熟的赛马活动，可以进一步提升本民族产业的名气。此外，我们还可以精心研发与马相关的绿色保健食品，为当地民族创造更多的经济效益。满族和蒙古族都是“马背上的民族”，在数千年的历史长河中，马一直是人类最重要、最亲密的交通工具，因此也积淀了深厚的马文化。在野生良马的数量和质量日益减少的今天，在现代化的交通工具已统治生活的当下，保护野生马品种和数量的丰富性又是保护生态的题中之意。在马渐渐退出人类运输舞台的时候，我们可以凭借蒙古族和满族的文化特色，建立以马为主题的博物馆或游乐场，集中展示和回顾与马有关的历史文化、军事文化、宫廷文化、民俗文化、婚俗文化、宗教文化、草原文化，等等，这将极大地凸显民族地域特色，让人印象深刻。

与民族文化相对应，承德当地独特的手工艺品也是宝贵的旅游资源，这里仅以剪纸艺术为例说明之。承德可以充分利用自身“剪纸之乡”的品牌，从保护和发扬具有本地特色的传统工艺入手，寻访散落在民间的人才、集中精品，建立各种小型的民间工艺博物馆，打造文化产业实验园区。形成“原材料开采－设计－加工－销售”这样一条完整的产业链。由政府出面组织，剪纸文化产业可以采取集中统一、分工合作、规模发展的现代化模式。此外，剪纸艺术与当地的小学等各种教育机构联合，将剪纸作为其另一种开发智力、培养兴趣、丰富孩子们业余生活的一种活动。剪纸艺术的展示方式也要逐步丰富，比如团体会、网络购买、开店限售等，通过网络，将承德剪纸艺术推广向全国。剪纸的内容应在花卉树木、鸟兽虫鱼、亭榭楼台、吉祥祝语基础上进一步丰富，更多地融合避暑山庄历史上的人文景观，使剪纸由一种纯粹的手工艺向装饰艺术转换，使它走向城市人家的客厅、书桌、窗台。这样，与其相关的一批附加值很高的产品就可以自然孵化，比如开发卷轴、扇面、相册、拓片、镶框、礼盒等。经过包装，剪纸艺术就升华为精美的、更上档次的装饰品，剪纸艺人的收益自然也会增加。除此之外，可以和其他地区的特殊艺术相结合，实现共赢。比如，南京的云锦艺术非常著名，但是就目前产品的开发情况来看，内容不够丰富。可以请一些云锦艺术家来承德取景，将承德的美景绣入画中，进而丰富云锦的表现内容。

五、生态休闲，对接冬奥

承德以避暑山庄立本，所以对自然生态的保护也成为其突出特色。如何将生态景观转化为文化产业，是承德面临的又一个重要命题。生态景观不能仅停留于看，而要在保护生态完整性的前提下，开发相关产业，使其从自然资源转化成自然资本、文化资本，这是一个重要飞越。生态是一个大概念，似乎除了人为产物之外的一切均可归入此类。而产业开发则是具体的，它需要有具体的对象、思路、成果、受众。于是可以说，对生态进行文化产业开发，就是一个化虚为实、化大为小的过程，这需要我们具有总体性的眼光，能将眼前的自然景观与人丰富多彩的需求联系起来。现代社会，人的生活节奏普遍很快，工作占据了绝大部分的时间，留给个人自由支配的则非常有限。这种生活状态并没有压制人对于舒展身心、休闲放松的真诚渴望，反而将这种渴望激发得更加强烈，每年五一、十一和春节假期外出游玩的汹涌人流即是最好证明。承德地处北京、天津两大直辖市中间，具有天然的地理优势，在京津冀一体化战略的推动下，承德应该以其独特的生态资源，吸引以两大直辖市为首的众多外地游客前来休闲度假，成为华北地区首选的休闲之城。

承德具有非常丰富的生态旅游资源，山林花卉是其中显眼的一种。避暑山庄本身就是一个大花园，数十种花卉在不同的季节竞相开放，甚为壮观，如荷花、牡丹、月季、黄芩、翠雀、香青兰、沙参、毛薄荷、山马兰、鼠尾草、蓝刺头、二月兰、白头翁、紫菀、风铃草、岩青兰、金莲花、旋复花、蛇莓、甘菊、毛地黄、水杨梅、水金凤、龙牙草、石竹、红蓼、角蒿、瓦松、蓍草、草木犀、山萝花、白芷、蒲公英、花旗干，等等。在中国，恐怕没有另一处园林可以同时拥有如此众多的花草，一年四季，不论何时，你在园林中都可以欣赏到几十种花草，这一生态奇观的确是大自然的恩赐。那么，如何充分利用这一生态资源呢？山庄目前的做法是，每当一种花卉盛开之时，便开展以此花命名的游览活动，吸引了不少游客。但是这种季节性的游览方式，还只停留于对花卉的自然观赏，没有衍生出一条产业链。在这一方面，成都的经验非常值得吸取。成都号称“天府之国”，花卉虽然也不少，但一直没有打出品牌。然而近年来，成都市加快了文化产业发展，从杜甫描写成都的名句“花重锦官城”中获得灵感，以此为口号，力求将成都打造成一座“花都”。为此，他们成功推出“五朵金花”旅游项目，即花乡农居、幸福梅林、江家菜地、东篱菊园、荷塘月色。这一项目从不同角度、不同思路有重点地推出不同主题的花卉游览活动，将古典诗词歌赋中与花卉相关的名篇佳作、农家乐体验、环保理念融入项目中来，开创了令人耳目一新的游览模式。“五朵金花”项目不仅注重及时性的游览，还注重后续相关产品的开发，比如他们推出了与花相关的饮料、酒水、糕点、旅游纪念品等，获得非常好的口碑和经济效益。与成都“五朵金花”项目相比，承德的特色在于品种更多，且有皇家文化作为其背景，有更加厚重的历史底蕴。在我们看来，承德可以成立一个生态植物园，向广大游客介绍每一种花草的特性及其文化意蕴，普及花卉知识。此外，承德的花卉产业不能仅停留于品种多，更要利用当今科学技术，努力培育出有自己特色的花卉。就像荷兰的郁金香、日本的樱花、洛阳的牡丹等，要在承德的历史文化中悉心发掘有独特历史意义的花卉品种，尤其是要在康熙、乾隆两朝寻找资源，认真培育，争取打出自己的品牌，这才是长久之计。

承德是我国的“摄影之乡”，这也是得益于优越的自然生态为其提供良好的摄影资源。所以，要以这个品牌为契机，加强摄影艺术与生态资源之间的互动关系。借摄影，使承德的自然生态资源通过图片得到更加广泛的传播，使承德的美借图片得以定格。借生态，使承德摄影之乡的美名更加巩固，为摄影提供更加丰富的资源。二者相互促进，互相支持。然而，承德目前的摄影和生态之间仍主要处于“各自为政”的状态，没有碰撞出耀眼的火花。尽管山庄多次举行摄影大赛，但它仅停留于纯艺术层面，缺少产业化运作。我们认为，可以以承德生态资源为摄影对象，定期举办不同主题的影展。将优秀的作品逐级向上推荐，参加省级、国家级的摄影比赛，最终打入摄影市场。这样可以激发更多的摄影爱好者前来取景，发掘承德更多美丽的侧面，在客观上也起到了旅游宣传的作用，拉动当地经济的发展。而且，作为摄影之乡，承德的摄影产业也应该向规模化、系统化发展，形成一条产业链。形成包括照相机及器材制造、摄影扩印、摄影化学制剂需要、胶卷制造、感光纸制造、摄影作品生产等一条完整的生产体系。在每年吸引大量摄影爱好者基础上，可以创办有特色的摄影书籍、报纸、杂志、网站、团体、比赛等，将摄影作品推向市场。也就是说，承德要打造成一个产业全面同时又特色鲜明的摄影之乡，成为以草原、长城、园林、婚庆、皇家文化等塞外风光为特色的摄影基地，以高品质的摄影器材生产推出自己的品牌。事实上，不仅摄影，由于承德地处北京和天津两大经济中心、文化中心，生态资源还有更加广阔的空间可以推广。比如，北京和天津均是高等院校聚集之地，承德的自然生态可以为两地高校的艺术生提供极好的写生场所。承德市政府可以出面与两地高校加强联系，创办艺术专业实习基地，通过提供优越的学习环境，吸引更多的在校学生前来。久之，承德将在学生中口碑相传，成为稳定的校外实习基地。由于学生群体思维活跃，消费能力较强，他们可以带来大量后续稳定的旅游群体，这无疑是一个双赢的举措。

发展承德的生态休闲，不仅要关注自然山水，也要保护一些历史遗产的生态完整性。许多文化遗产历经数百年风雨已经成为自然生态的重要组成部分，不能在逐利之心的驱使下进行破坏性开发，要将其与所处的自然生态看作一个整体。比如承德的金山岭长城与北京八达岭长城相比，较少进入游人的视野，所以其开发之程度也相对较低，较好地保持了原貌。在文化产业浪潮中，如何审视金山岭长城，以何种思路来开发，这是一个重要问题。八达岭长城由于地处北京，所以它的宣传便主要突出政治色彩，即凸显其中华民族的象征意义、中华儿女的智慧和气魄，这和北京的整体文化氛围是一致的。对于承德的金山岭长城而言，如果要避免再次陷入“灯下黑”的困境，就要另辟蹊径，融入承德当地的文化。所谓“万里长城，金山独秀”，我们认为，金山岭长城的宣传应以游览美景为主。为了与八达岭长城区分，金山岭长城周围应尽量保持一片自然生态，避免被过度的商业氛围笼罩，严格控制长城脚下无序聚集大量商铺。为了满足大量游客的观赏，国家每隔一段时间都要对八达岭长城进行修缮，力求复原其本来的面貌。这固然有利于保护古建筑，将长城最完好的一面示人，但是在很大意义上，这种修复也破坏了长城饱经风雨之后的沧桑之美。很多时候，残垣断壁更能给人以心灵的震撼。金山岭长城则可以此为原则，将其现状作为自然生态的一部分加以保护和展示，凸显万里长城的残缺之美。

2015 年 7 月 31 日，国际奥委会主席巴赫宣布，中国的北京与河北的张家口市获得 2022 年冬奥会举办权。这一喜讯让全国人民为之兴奋。对于河北省而言，这更是一次千载难逢的发展机遇。在地理位置上，承德距北京和张家口都非常近，冬奥会所带来的巨大利好必然将惠及承德，所以，承德必须抓住这一机遇，找准角色定位。承德要仔细分析与冬奥会相关的一些产业的发展现状，有针对性地查漏补缺，为冬奥会的顺利筹备和举办做好铺垫。冬奥会的成功申办，必然使我国整体的冬季运动项目有一次飞越，人们的冬季运动激情必然日益高涨，对相关场地设备的要求自然也会更加专业和全面。承德地处我国北部，具有天然的冬季运动条件，所以要合理、充分地开发这一资源。比如滑雪场，要按照国际标准进行改造和扩建，为冰雪运动爱好者提供一流的训练环境。此外，承德要努力担负起冬奥会后备运动员的训练工作，吸引北京和张家口等地的运动员前来训练和修养，借冬奥会的机会打出自己的冰雪活动品牌。冬奥会筹备和比赛期间，会有大量外国游客来到北京和张家口，承德可以抓住这一机会，与冬奥筹备委员会合作，让承德承担一部分外国游客的接待任务，引领游客实地感受承德冰雪项目的风采，游览避暑山庄和地域风情。

所以，在冬奥会筹备的 7 年时间内，承德需要下大力气提升自身的国际化水平，道路、宾馆、环境、场地等都要上一个台阶，与国际接轨。以自身的实际行动和成效来向奥委会表明，承德可以承担接待国外游客的任务，展现一个热情好客、自信奋进的新承德形象。

承德元宝山滑雪场

六、宗教情怀，世俗认同

宗教是承德文化产业开发的重要内容，避暑山庄旁边的外八庙是其主要文化资本。但是长期以来，外八庙不论是知名度还是开发现状都不尽如人意，一方面，外八庙本身是一片寺庙群，共有12座建于不同时期的庙宇，诸座寺庙之间的性质没有得到细致区分，所以一直没有找到一条合理有效的宣传思路。另一方面，外八庙与避暑山庄之间的关系也处于割裂状态，一边是寺庙，一边是园林，如何让山庄里已经疲惫的游客燃起继续游览寺庙的兴趣，这之间有一个不小的观念转化，需要产业开发者在文化层面上去寻找出路。正如有学者所言，“避暑山庄和外八庙的联动合作目前只是表现在联票出售方面，在文化氛围营造、文物保护管理、景观借景共生等方面尚无进展，各景区间发展依然呈现孤立、分割的局面，没有有效进行整体营销和品牌塑造。”① 这一割裂性几乎将外八庙排除在避暑山庄文化之外了，非常令人惋惜，这与真实的历史不符。任何文化产业的开发都要以保护和呈现文化遗产的完整性和本来面目为前提，任何产业化策略的选择都要守住这个底线，否则就是失败的。我们认为，外八庙与其他地方的寺庙最大不同就在于，它全部修建于清代康乾时期，且都是出于巩固民族团结的目的。所以，对外八庙的宣传和开发应该避免走深奥玄妙的纯宗教路线，而应该在其独特的时代背景和目的上着眼，更多地发掘当代人容易认可和接受的宗教活动。

“文化资源的根本所在还是现实的人类需求，那些能够满足需求的才是产业化的，那些能够创造文化消费的需求才是最好的文化产业。”② 当代人普遍处在精神焦虑、文化失落、信仰缺失的困境，而旅游本身就是通过体验不同的生存方式，来获得内心安稳和满足的一种行为，那么，宗教旅游就更应该发挥这一功能。基于这一认识，外八庙可以发展宗教文化古迹观光、圣地朝觐、文化体验、休养度假、宗教节日庙会等。宗教文化体验就是将一部分宗教事务开放出来，让更多的游客可以亲身参与到佛事中来，而非只是观看。将清扫、斋饭、诵经、坐禅、上香等普通游客感兴趣的活动定期开放，培养人们的宗教情感。由于寺庙众多且布局分散，如果只是口头宣传寺庙的独特性恐无法吸引游客逐一游览，所以，外八庙管理处可以将寺庙内一些有特色的文物集中起来，在一处集中展览，

---

① 付新：《浅谈避暑山庄文化产业发展及存在的问题》，《沧桑》2013年第1期。

② 欧阳友权主编：《文化产业通论》，长沙：湖南人民出版社2006年版。

这样可以在较短时间内使游客对寺庙获得比较直观和具体的印象，从而打出一个品牌。外八庙还要加强与国内其他著名宗教场所的联系，请其他地方的高僧前来讲座，提高自身的知名度。

普陀宗乘之庙

普宁寺

第三节 “互联网+”与承德民间艺术产业化发展

随着信息技术的不断发展，人们已经无法想象互联网对传统行业起到的颠覆影响，以及其波及的范围和速度之广。在当下的互联网信息时代，传统的企业、文化产业已经不再适应当下的发展思维模式，各行各业都在寻求新的发展出路。传统民间文化产业在经济迅速增长的时代，同样已经不再适应当今的发展潮流，正在一步步地走向衰亡。“互联网+”与传统文化产业相结合是一种全新思维模式，这样的组合意味着未来的发展将更加趋于管理与服务的深度融合，大大提高产业的发展深度，从而实现传统文化产业的建设的重塑，激活低迷的民间艺术产业，促进地方的经济发展。

承德民间艺术形式多姿多样，在岁月的磨砺中孕育出了丰富多彩的民间艺术，它们不仅是广大百姓生活的承载，更是百姓生活精神的依托。互联网时代的到来，对有着丰富民间艺术文化的承德地区影响犹大。随着社会发展和经济进步，承德地区民间艺术产业化发展初具规模，民间艺术产业发展已经具备一定的特点，稳步发展的民间艺术产业成为引领河北经济发展的新标尺。但在发展中也存在着一定的问题，民间艺术的发展不成体系，需审慎对待。如今的产业化发展已经由传统的模式转化为互联网经济模式，经探究，可借助国家政策扶植、科研带动和内部品牌经营、艺术自觉等几条途径走出产业化进程中的困境。在民间艺术的发展过程中，要明晰民间艺术未来发展的趋势，不能任意发展；民间艺术应该从不同的角度出发，与当下各种手段紧密联系融合发展，实现民间艺术产业的艺术创新和体制创新，带动民间艺术产品开发和产业化运作合理化，实现双方共建多赢，为承德整体经济水平的提升做贡献。

一、承德地区民间艺术概述

随着我国对民间艺术的研究与开发的深入，一批又一批的民间艺术得到认可，这不仅丰富了人们的精神生活，也促进了民间艺术产业的多元化发展。民间艺术源于生活的艺术的高度提炼，民间艺术正是劳动人民在生活中智慧的结晶。承德地区民间艺术种类繁多，最具特色的如丰宁满族剪纸艺术、滕氏布糊画、活性炭画工艺品、二贵摔跤，这些丰富的民间艺术成为承德文化上发展的源泉。随着移动互联网产业的飞速发展，民间艺术资源如何产业化发展已成为当下之急，时代之需。现阶段，许多民间艺术逐渐地走向衰亡，如何挽救已成为时代赋予我们的重要任务。

丰宁满族剪纸

在承德市丰宁县地区就有着独特的民间艺术。丰宁地处燕山山脉与内蒙古草原交界地带。受地理区位的影响，丰宁满族民间剪纸既有汉族文化基因，又具有游牧民族粗犷质朴的风采。技法上，丰宁剪纸以阳刻为主，在此基础上又与阴刻手法并用。如此，丰宁剪纸更具有自身的艺术风格，与其他区域相比，丰宁剪纸更加符合大众审美。丰宁剪纸主要从日常生活中选材，农耕场景、人物生活、吉祥动物、生活器皿等都是其乐于表现的一种题材，生动地再现了生活。同时，丰宁剪纸也将中国画中的线条发挥得淋漓尽致，形成承德地域性剪纸文化，在承德地区影响力颇大。

除了剪纸艺术之外，还有滕氏布糊画，它也是承德丰宁地区比较具有代表性的民间艺术品之一，是在满族传统的“补花”基础上发展而成。滕氏布糊画在社会上已经被广泛认可，其作品影响力巨大，曾多次获得国家级奖项，部分作品被人民大会堂收藏和悬挂。2014 年，被誉为“中华百艳，华夏一绝”的丰宁滕氏布糊画被成功列入第四批国家级非物质文化遗产名录，并在文化部办公厅网站发布了这一重大的消息。在全国各地申报的各项名单中，滕氏布糊画以自身独特的艺术形式被列入其中，以其多彩的魅力展现承德地区民间艺术的风采，对承德民间艺术产业化发展有着不可估量的作用，也是承德地区民间艺术产业化发展的重要内容。

滕氏布糊画

活性炭工艺品

近几年，被誉为“中国活性炭之乡”的平泉县研发的活性炭画工艺品在业界颇受好评。活性炭工艺品具有极强的吸附作用，可起到净化室内空气的作用，消除现代家装中的有害物质，如甲醛、苯、甲苯、二氧化碳等，已是家庭装修中或现代家庭用于装饰美化环境的不二之选。当然，活性炭画工艺品的作用不仅可以净化空气，还能起到装饰的效果。平泉县地区引导企业把活性炭的实用功能与现代家居、绿色环保、文化创意相融合，迎合了移动互联网时代的发展方向，渐渐地开发符合当今商品经营的新模式，自主设计研发多种门类的活性炭文化创意产品，从经营“工业活性炭”到经营“活性炭工艺品”，延长产业链条，拓展产业空间，提升产品附加值，同时发展传统文化，激发更多的民间艺术文化发展，为地方经济与文化的发展与创新起了良好的带头作用。

承德隆化地区有另外一种特殊形式的民间艺术，那就是被称为“自己摔自己”的“二贵摔跤”（或称“二鬼摔跤”）。从目前已有的资料看，“二贵摔跤”的形成时间有汉代、清朝道光年间等几种说法，成于清道光年间的说法比较有代表性。溯其源，则是康熙八年（1669）康熙皇帝靠训练的库布擒鳌拜之事。康熙六年（1667），年少的康熙皇帝虽亲政，朝政却仍由权臣鳌拜把持，“上久悉鳌拜专横乱政，特虑其多力难制，乃选侍卫、拜唐阿年少有力者为扑击之戏。是日，鳌拜入见，即令侍卫等扑而系之。”① 这一事件后来便演变为今天所看到的“二贵摔跤”。

---

① 赵尔巽：《清史稿》卷6《圣祖本纪一》，北京：中华书局1977年版，第177页。

二贵摔跤

“二贵摔跤”在发展的过程中吸收了满族的艺术精华，需要运动员在表演的过程中有良好的体魄及敏捷的动作。目前，承德隆化县对“二贵摔跤”的传承与发展做出较大贡献。① 该地的“二贵摔跤”幽默、形象、生动逼真，给观众留下深刻的印象。表演过程中，一个演员要背上两个摔跤手角色的道具，双腿全蹲，两只胳膊还要扮演另外一个角色的双腿，通过服装和道具的装扮，夸张生动地再现了两个武士正在场地中摔跤的景象。在其过程中往往还要穿插各种武术招式，酷似真人摔跤架势，表演过程十分精彩，是本地区最具艺术特色又有观赏价值的民间艺术形式之一。

承德地区类似于以上的民间艺术种类还有许多，但是许许多多有价值的民间艺术正在悄然无情地消逝，需要呼吁广大学者、专家及广大人民群众对其进行保护与重视。承德市作为全国重要的旅游城市，基于这一得天独厚的地域优势，应该强强联合，将民间艺术产业化与旅游业相结合，相互扶持，多种运营模式齐头并进，形成具有承德特色的产业化发展链条。通过改变传统的思维模式，通过互联网+的创新角度思考本地区的文化发展。相信通过互帮互助的方式，对提高本地区的经济发展将起到重要的促进作用。

① 韩相理、王国良：《“隆化满族二贵摔跤”道具的发展演变》，《河北民族师范学院学报》2005 年第 1 期。

二、承德地区民间艺术产业化发展的问题

随着社会的不断进步，经济的飞速发展，人们在过多地追求物质品质生活的同时，应该关注精神生活层面修养的提高。现阶段，承德地区或者说是全国的民间艺术都存在着相当多的问题，许多民间文化产业在渐渐地淡化出历史的舞台，被这个飞速发展的经济社会无情地淘汰。而这些宝贵的民间艺术文化是在中华五千年文化中沉淀中诞生出来的，应该给予更多的支持与保护。以下从几个方面分析承德地区民间艺术发展存在的问题。

1. 民间艺术传承模式单一

民间艺术传播的方式比较单一，尤其是一些特殊性的民间艺术，在发展传承上只能通过言传身教或家族代代相传的方式，甚至还有不外传的特殊性，如此便导致民间艺术传播中的滞后性，使得不少民间艺术的传承十分困难。现如今，机器代替了手工制作，一些民间老手艺已不再用于人们的日常生活，古老的民间艺术正在慢慢地从我们的生活中消逝，许多艺术已不复存在。所以，年轻一代要有志于复兴民间艺术乃至民族艺术，不应过多地崇拜西方工业文明，应该更多地关注中国传统的民间艺术，呼吁更多的年轻人树立正确的荣誉观，从民间艺术的内在审美价值出发，要让他们认识到中国的民间艺术是经过数代人的生产生活实践中孕育而生的，是中华民族文化中不可忽视的一页。在承德地区，许多民间艺术已经逝去，保留下来的已经所剩无几，单一的传播模式势必会给传承带来困难，所以，只有提高保护意识，改变单一的传承模式，才能有效地发展民间艺术。

2. 民间艺术产业化发展运行模式匮乏

工业文明的到来无疑促进了社会的巨大进步，同时也冲击着千百年来流传下来的古老技艺，一些民间艺术品已成为流水作业的产物，丧失了艺术本质。这样的产物如何称之为艺术品？这样的运行模式无疑是对民间传统技艺的亵渎。工业化的运行模式已经成为民间艺术产业化发展的问题之一。一些不良商家为了追求利益，仿造成熟的民间艺术品，这样的产品从技艺和收藏的角度来分析都不具有任何的价值，却造成对民间艺术最大的打击，不仅浪费了资源，同时也在损害地方资源以及民间艺术的声誉。自发地、盲目地复制生产艺术品，阻碍了民间艺术产业化发展的进程，需要相关部门对此制定具有前瞻性的运行模式，以有效的指导和规划引导民间艺术的有序发展。

3. 盲目求新对民间艺术的冲击

民间艺术的发展过程中盲目创新也是很严重的问题。从短期效应来看，这种做法似乎提高了经济效益，但从长远的发展角度来讲，一味追求经济利益，忽视民间艺术精神文化价值的做法，无疑会断送民间艺术的前程。任何事物都是在不断地发展的，民间艺术需要发展，在其发展的过程中应该遵循艺术的特色，保留背后的文化特质，在求新中不应该丢失艺术的精华本质。举例来说，一些城镇做出的“二贵摔跤”艺术品，人物形象的面部特征被刻画得毫无生动可言。在现实生活中，两个人摔跤对决，人物表情及内心应是高锁眉头、面目夸张的状态，而不应该是面无表情、目光呆滞的，这样的人物造型不符合现实中摔跤手的人物特征。所以在求新的过程中也要尊重客观现实，不能盲目地去求新，这样不仅不能发展民间艺术，反而会对民间艺术的发展起到适得其反的作用。

三、承德民间艺术产业化发展策略

1. 整合民间艺术产品系统资源，挖掘民间艺术产品内涵

承德地区由于其地理位置的特殊性，民间艺术较为分散，艺术形式不统一，受众面较小，不易推广的艺术品种较多，所以，整合民间艺术资源，并深层次挖掘其内在的本质特征，对本地民间艺术的传承与发展起着至关重要的作用。承德隆化地区的“二贵摔跤”在保留传统风格的基础之上，又对其服饰、形象及表演动作做出了调整，更加趋于合理化。甚至将原来的单人表演衍生到多人物的表演，这样不仅可增强表演的形式，提高视觉上的观赏性，也保留了传统的技艺。“二贵摔跤”无疑是最具有价值和最能吸引人的重要旅游资源，所以在对其研究与开发的同时，应该遵循其内在文化内涵。又如滕氏布糊画作品中《和平昌盛图》是其大型作品中的代表，现悬挂于人民大会堂河北厅。画面运用布糊画的艺术手法，将56朵牡丹花汇集一堂，象征着56个民族繁荣昌盛的寓意，深受各界人士好评。滕氏布糊画吸收浮雕和建筑中的元素，用料上精细讲究、画面绚丽多彩、做工精益求精、画面栩栩如生，形成了标志性的民间艺术。整合民间艺术产品系统资源，挖掘民间艺术产品内涵，要在本地区树立品牌经营意识，挖掘艺术的原汁原味，突出代表性的精品艺术，带动品牌建设，树立具有承德特色的艺术品牌基地。自主创新但不违背民间艺术内涵的基础，是将民间艺术隐形资源转化成生产力的动力，从而带动本地区的经济发展。积极开发新的品牌，打造品牌产业化一条龙服务特色，在社会各界通过互联网+等思维方式扩大其影响力，使其

最终走出河北面向全国。

2. 民间艺术与互联网思维模式的市场整合

“人类社会进入了（移动）互联网时代。（移动）互联网改变了交易场所、拓展了交易时间、丰富了交易品类、加快了交易速度、减少了中间环节，它对商业企业、工业企业、金融企业乃至医疗企业、高等院校、政府机构产生了广泛而深刻的影响。”① 互联网的时代来了，传统的民间艺术发展已经不再适应这个社会的发展模式了，合理的调整才能更加有力地发展民间艺术，在发展民间艺术的过程中必须要形成产业化意识。“整合人力资源优势，逐步形成以专家学者为核心、以业内人士为主力的研究队伍，对河北省民间艺术的现状、存在的问题及发展趋势作深入研讨，探索河北省民间艺术商品化、市场化的规律，协助政府制定相关政策，为艺术产业化进程提供理论支点。”② 民间艺术与市场整合，将市场的经营模式运用到民间艺术上，做到继承与创新并举，对一些有一定的社会名气和颇具特色的民间艺术，如滕氏布糊画、丰宁剪纸等，应吸收民间艺术创作新的艺术形式，推进民间艺术品牌建设。丰宁的剪纸与承德避暑山庄康乾七十二景相结合，通过剪纸艺术重塑避暑山庄中的七十二景，可作为游客的纪念品或者接待外宾的好礼。这样不仅丰富了旅游城市纪念品的种类，同时也将民间艺术与地方特有的地域特色相结合，多种模式共生通过“互联网+”的方式拓展新思路。互联网已经是这个时代必不可少的时代产物，正如现在的电商零售业和传统零售业，在做同一种生意，但是运用了两种截然不同的商业模式。最简单的例子，小米手机的成功，就是采用电商零售业，采用互联网思维，轻资产模式经营，实行网络交易，销售成本低，产品价格低，发展势头不可阻挡，同时还从单一的手机行业拓展到更宽更广的门类。那么，如果民间艺术的发展也能运用互联网的运营模式，那么不仅能够改变单一的交易模式，还能拓展交易的时间、丰富交易品类，更能滋生更多的艺术种类，且在其运行的过程中减少了中间环节。活性炭工艺品更是现代家居办公中必不可少的工艺品，其既可制作成体积小便于携带的旅游纪念品或者是办公用品，又可以创作出具有北方特色的山水画作品，运用另外的一种形式再现中国传统艺术。一个民间艺术品牌形成之后，往往会带动其他行业的发展，可以在现有的基础上将民间艺术与市场整合，已成为文化传播的一种重要的途径。在资源丰富的河北承德地区，合理地调整艺术与市场的关系，可以

---

① 李海舰：《互联网思维与传统企业再造》，《中国工业经济》2014 年第 10 期。

② 吴倩：《艺术与市场整合——河北民间艺术产业化的发展路径》，《河北学刊》2009 年第 1 期。

树立起本地区艺术品牌的形象，这样不仅发展了民间艺术，同时还对民间艺术的传承起到保护的作用，更能推动本地区经济的发展。

3. 政策支持和科研带动

民间资源可以和地方著名的旅游资源相结合，将自然资源与人文资源相融合，发挥两者的优势。政府应大力宣传，积极申报非物质文化遗产，在地方的校园课堂开设相关选修课程及教师积极申报相关课题，使本地区的民间艺术得到有效的保护。政府还应出台政策建立相关的文化产业传媒公司，将艺术创作、策划、设计合为一体，使承德地区的优秀民间艺术实现有效地向产业化发展，加大宣传力度，让更多的人认识和接受。本地区文化部门从基层、民间积极采取措施，将现有的民间艺术资源与有关企业进行产业化联合，形成民间艺术组织，大力扶持民间职业演出团队。政府等相关部门还可以利用传统节日举办民俗文化节，在这样的重大节日、活动中创作展示或者演出，既突出民间艺术的独特的审美特征，又将本地区或者其他地区的民间艺术联系到一起。这样既可以相互交流学习，又可以丰富日常的生活，提升文化素质，同时对于保护民间艺术的发展也起到了促进的作用，对于形成良好的社会风气和健康的生活方式有更好的作用。建立健全的法律准则，民间艺术是经过数代人在日常生活中渐渐发展形成的，是珍贵的文化遗产，所以政府部门应建立相关的政策与法规用于制约试图迫害民间艺术的不良行为。

承德地区民间艺术的发展需要与时俱进，但在发展过程中不应丢掉传统的东西。文化的保护与研究要做到因地制宜，不盲目发展，不盲目求新。承德旅游业发达，在发展旅游业时应该和民间艺术结合，互帮互助，运用“互联网＋”的思维，发展具有当地特色的产业化模式，开发新的特色。当今时代是一个多元、开放、融合、共生的全球化时代，任何一个产业、一座城市乃至一个国家，都不可能凭一己之力实现更高、更好、更快的发展，民间艺术产业应拓展思路，从不同的角度思考发展的问题。结合本区域的旅游特色，在求新中保护传统文化，力求将承德地区的民间艺术产业化发展。在丰富的承德地区民间艺术资源中调整好产业化发展的路径，不仅能够从新的视角探索研究民间艺术，对其进行有效的保护与传承，还能振兴燕赵文化，拉动本地区的经济发展。同时，在传承发展的过程中应注意保存史料，或者通过多媒体技术制成参考的资料，这样可以让更多的民间艺术爱好者能有更多的机会接触民间艺术，从而摆脱民间艺术模式单一的局面，更加有效地保护承德地区的民间艺术。总之，民间艺术是文化传播的重要组成部分，对承德民间艺术资源进行有力的开发与传播，树立起属于承德特色的品牌形象，既可以保留住千百年流传下来的文化精髓，又能将其发扬光大。

本章结语

作为承德生态旅游的金字招牌，避暑山庄是城市形象的内涵所在，更是城市产业结构规划与发展的重要开发内容。但在传统的文化产业发展中，避暑山庄无论在文化开发、文化定位，还是文化产业发展中都存在着明显的缺陷。因此，在承德未来的文化产业规划中，应结合承德的实际情况，注重对承德民间艺术的开发。在互联网思维模式的背景下，整合民间艺术产品市场，完善民间艺术产品系统资源，挖掘民间艺术产品内涵，并通过政策支持和科研带动民间艺术的发展，凸显以避暑山庄产业文化为核心的文化发展，同时辐射其他相关领域和产业，并由此把握承德文化产业规划的正确方向。

结　语

自改革开放以来，中国经济已经持续高速发展30多年，成为世界第二大经济体。在经济高速发展的同时，自然生态环境也不断发出不堪重负的警示。许多资源型城市在改革开放的浪潮中曾经迅速崛起，但是由于经济结构发展单一，在资源枯竭之后城市经济发展陷入困境，而城市生态环境的恶化更是成为城市发展之殇。于是，转变经济发展模式，调整经济结构，倡导绿色发展，已经成为全社会的共识。2015年11月3日，在关于《中共中央关于制定国民经济和社会发展第十三个五年规划的建议》的说明中提出："'十三五'时期我国发展，既要看速度，也要看增量，更要看质量，要着力实现有质量、有效益、没水分、可持续的增长，着力在转变经济发展方式、优化经济结构、改善生态环境、提高发展质量和效益中实现经济增长。"中国经济已经走过了追求经济总量的发展阶段，而应更加关注自然生态环境与经济社会发展和谐共生的可持续发展。绿色GDP也逐渐成为中国众多城市执政者转变经济发展模式所关注的核心问题。对于很多生态环境较佳的旅游城市来说，将生态资源转变为生态资本，已经成为调整城市经济发展的新的增长点。

承德作为世界知名旅游城市，有着较好的自然生态环境。在过去30多年的经济发展中，并未过多地透支自然生态环境，很多生态资源一直保持着原生态形态，自然环境总体上较为良好。在创建世界著名旅游城市和大力发展旅游文化产业的背景下，良好的自然生态资源将是承德经济发展最具优势的基础因素。在国家发布的《京津冀协同发展纲要》中，承德被定位为"京津冀生态环境支撑区"与"水资源生态涵养区"，承德的生态环境优势将转化为生态旅游、生态养老、生态农业、生态工业等生态经济的优势。协调发展、绿色发展的科学布局将会进一步改变承德城市的生产空间、生活空间与生态空间，承德良好的生态环境将成为承德经济社会发展和人民生活水平质量的增长点。国家倡导的生态文明建设，其实就是把可持续发展提升到绿色发展高度，为后人留下更多的生态资产。承德的生态发展应该充分发挥自身生态资源优势，努力提高城市环境质量、基础设施建设和城市管理水平，在城市交通、街区、河道、旅游产业布局和开发等方面，综合考虑，全盘布局，实现经济结构调整，转变经济发展模式，提升作为旅游文化名城的核心竞争力，让更多的外来游客想来、乐来、住下来、游玩之后还愿再来，真正实现承德经济的绿色、健康、可持续发展。

参考文献

［1］方创琳：《城市化过程与生态环境效应》，北京：科学出版社 2008 年版。

［2］王超：《城市河湖水生态与水环境》，北京：中国建筑工业出版社 2010 年版。

［3］Rodney R. White：《生态城市的规划与建设》，上海：同济大学出版社 2009 年版。

［4］理查德·瑞吉斯特：《生态城市》，北京：社会科学文献出版社 2010 年版。

［5］王卫：《河北地理》，北京：北京师范大学出版社 2012 年版。

［6］杨士弘：《城市生态环境学》，北京：科学出版社 2003 年版。

［7］李建盛：《北京文化发展报告》（2014－2015），北京：社会科学文献出版社 2015 年版。

［8］马树强、金浩等主编：《河北省经济发展报告．京津冀协同发展与河北战略：2015》，北京：社会科学文献出版社 2015 年版。

［9］李景源：《中国生态城市建设发展报告》，北京：社会科学文献出版社 2012 年版。

［10］郭怀成：《流域环境规划典型案例》，北京：北京大学出版社 2007 年版。

［11］魏晓华：《流域生态系统过程与管理》，北京：高等教育出版社 2009 年版。

［12］吴殿廷：《城市河道游憩空间建设——理论·方法·案例》，南京：东南大学出版社 2014 年版。

［13］杜运领：《典型城区河道生态综合整治规划与工程设计》，北京：科学出版社有限责任公司 2015 年版。

［14］沈冰：《水资源规划及利用 平装》，北京：中国水利水电出版社 2009 年版。

［15］宋东辉：《河道汇流调蓄分析与城市防洪治涝规划 》，北京：中国水利水电出版社 2012 年版。

［16］徐循初：《城市道路与交通规划》，北京：中国建筑工业出版社 2007 年版。

［17］付军：《乡村河道生态修复与景观规划》，北京：中国农业出版社 2013 年版。

［18］王炜：《 交通规划 》，北京：人民交通出版社 2007 年版。

［19］吴良镛：《京津冀地区城乡空间发展规划研究三期报告》，北京：清华大学出版社 2013 年版。

［20］文魁：《京津冀发展报告：协同创新研究》北京：社会科学文献出版社 2015 年版。

［21］陆化普：《生态城市与绿色交通：世界经验》，北京：中国建筑工业出版社 2014 年版。

［22］王浩：《生态园林城市规划》，北京：中国林业出版社 2008 年版。

[23] 宗白华：《宗白华全集》第 3 卷，合肥：安徽教育出版社 1994 年版。
[24] 沈福熙：《中国古代建筑文化史》，上海：上海古籍出版社 2001 年版。
[25] 周膺、吴晶：《生态城市美学》，杭州：浙江大学出版社 2009 年版。
[26] 本雅明：《迎向灵光消逝的年代》，桂林：广西师范大学出版社 2008 年版。
[27] 陈延嘉：《全上古三代秦汉三国六朝文 · 全宋文卷二十》，石家庄：河北教育出版社 1997 年版。
[28] 李长路：《全宋词选释》，北京：北京出版社 1992 年版。
[29] 劳伦斯 · 布伊尔：《环境批评的未来 – 环境危机与文学想象》，北京：北京大学出版社 2010 年版。
[30] 梭罗著、徐迟译：《瓦尔登湖》，上海：上海译文出版社 2004 年版。
[31] 杨志峰、徐琳瑜：《城市生态规划学》，北京：北京师范大学出版社 2008 年版。
[32] 程相占：《中国环境美学思想研究》，郑州：河南人民出版社 2009 年版。
[33] 刘艳东、钱金平：《承德市生态功能区划研究》，北京：中国环境科学出版社 2001 年版。
[34] 张勃：《北京的皇家园林》，北京：光明日报出版社 2004 年版。
[35] 楼庆西：《中国园林》，北京：五洲传播出版社 2003 年版。
[36] 陈从周：《园林读丛》，上海：上海人民出版社 2007 年版。
[37] 杨历波：《灵境天开——承德避暑山庄》，杭州：浙江摄影出版社 2002 年版。
[38] 曹林娣：《中国园林文化》，北京：中国建筑工业出版社 2005 年版。
[39] 李彬彬：《承德避暑山庄的现状和发展对策》，《黑龙江史志》2014 年第 21 期。
[40] 蔡尚伟：《文化产业导论》，上海：复旦大学出版社 2006 年版。
[41] 李星明：《旅游文化概论》，武汉：华中师范大学出版社 2007 年版。
[42] 李昕：《非物质文化遗产：文化产业发展的文化资本》，《广西民族研究》2008 年第 3 期。
[43] 郭秋良：《再说“大避暑山庄”文化》，《河北师范大学学报》2008 年第 1 期。
[44] 魏小安：《旅游情景规划与项目体验设计》，《旅游学刊》2004 年第 4 期。
[45] 付新：《浅谈避暑山庄文化产业发展及存在的问题》，《沧桑》2013 年第 1 期。
[46] 李海舰：《互联网思维与传统企业再造》，《中国工业经济》2014 年第 10 期。
[47] 吴倩：《艺术与市场整合——河北民间艺术产业化的发展路径》，《河北学刊》2009 年第 1 期。

后　记

本书是2014年河北省高等学校青年拔尖人才项目（BJ201405）、2012年承德市财政局项目（CZ2012010）与2014年河北民族师范学院青年基金项目（201404）的研究成果。4年前，因为一个偶然的际遇，我从江南城市来到这座素有“紫塞江南”美誉的清代陪都，不曾想与这座城市结下了缘分。4年来，工作与生活在这座依山傍水的城市里，穿行在蓝天白云下的群山之中，热情厚道的朋友们给了我太多的喜悦，渐渐淡忘了客在他乡的漂泊感。于是，不自觉地开始细心地感受这座城市的厚重历史，关心这座城市的未来发展。以上的课题均是在这样的心境下，成为我关心的研究方向。我学业的主攻方向是文学与美学，不能说与这些课题毫无关系，却也的确有些距离。但是，赶上了“京津冀协同发展”的历史机遇，还是按捺不住内心的冲动，总想为这座美好的城市建言献策。当然，毕竟隔行如隔山，不当之处只能贻笑大方了。

应该感谢在课题立项、书稿撰写的过程中给予我帮助的领导、老师和朋友们。感谢河北民族师范学院党委书记张力涛教授、校长苏国安教授、副校长赵翠华教授、科研处处长李洁教授、文学与传媒学院张政雨院长诸位领导的大力支持和提携；感谢河北民族师范学院学术委员会的委员们，他们的全票通过让本书的出版不受资金困扰；感谢课题组成员毕国忠、王晓燕、王岩、杨瑜、孙石磊、张永利、陈琳琳的倾力付出，他们不辞劳苦地到各地到调研、采集数据、撰稿，方才有本书的出版。更要感谢本书的责任编辑经济日报出版社王含老师，从书稿出版申请到期间多次催稿，再到耐心细致的书稿编校，虽未曾谋面，但这份热情与认真让我铭记心间。

最后，还要感谢我的家人，尤其是我的妻子方会莉女士和女儿，这么多年来，她们这么信任地允许我自由流浪。

李新亮

2016年4月11日于承德